Herbigs heitere Sternzeichen

# *Steinbock*

22. Dezember bis 20. Januar

BARTEL F. SINHUBER

# Das schöne Gefühl, als Steinbock anbetungswürdig zu sein

Mit Ihrem persönlichen Liebeshoroskop

HERBIG

Umschlagillustration und Zeichnungen
von Werner Heymann


Umschlaggestaltung: Bernd und Christel Kaselow, München
Satz: Filmsatz Schröter GmbH, München
Gesetzt aus 10/12 Punkt Adobe Caslon auf QuarkXPress
Druck: Jos. C. Huber, Dießen
Binden: Großbuchbinderei Monheim
Printed in Germany
ISBN 3-7766-1865-5

# *INHALT*

*Das schöne Gefühl, als*

# *Steinbock*

*anbetungswürdig*
*zu sein*

Nach dem raumgreifenden Stier und der geistordnenden Jungfrau ist das dritte Erd-Zeichen der Steinbock, der die Anlagen der beiden anderen in ein übergeordnetes System bringt, das äußere und innere Leben nach Grundsätzen formiert. Diese Grundsätze richten sich nach der Gemeinschaft, und das Individuum hat sich ihnen unterzuordnen – einschließlich er selbst. Ständig richtet sich sein Bemühen und Streben auf die Erhaltung des von ihm erkannten Prinzips einer Weltordnung, in der die Gesellschaft höher als der einzelne steht. Kein Wunder, daß die beiden einflußreichsten Ideologen des zwanzigsten Jahrhunderts, der Nationalsozialist *Alfred Rosenberg* und *Mao Tse-Tung*, Steinböcke waren, typischer noch, daß beide Ideologien, Nationalsozialismus wie Maoismus, die rassistisch oder die sozialistisch definierte Gemeinschaft über das Individuum stellen.

Der Revolutionär *Mao*, der chinesische Bauernaufstände und 1934/35 den »Langen Marsch« anführte, verfaßte seine grundlegenden ideologischen Schriften um 1937, wonach ihm schließlich auch die politische Führerrolle zuwuchs. Der NS-Ideologe Rosenberg dagegen überließ die Rolle des »Führers« neidlos dem Widder Adolf Hitler. Denn es ist nicht der Wille zur Macht, der den Steinbock zur Führernatur prädestiniert. In der Politik waren die berühmtesten Steinböcke keineswegs immer die mächtigsten, sie waren und sind eher Idole, anerkannt und geachtet von Freund und Feind wie die beiden bundesdeutschen Kanzler *Konrad Adenauer* und *Helmut Schmidt* oder die beiden ägyptischen Staatsmänner *Gamal Abd el Nasser* und

*Anwar el Sadat.* Auch in der weiter zurückliegenden Geschichte waren die Steinbock-Herrscher immer bedeutende Persönlichkeiten: Der Stauferkaiser *Friedrich II.*, der Burgunderherzog *Philipp der Kühne*, der Medici-Herrscher *Lorenzo der Prächtige*, der russische Zar *Alexander I.*, der Borgia-Papst *Alexander VI.* oder der römische Staatsmann *Cicero.*

Nicht selten haben die berühmten und bedeutenden Steinböcke das, was man gern mit Charisma bezeichnet. Sie sind ausgezeichnet, spielen ihre anerkannte Rolle als Berufene, und das macht sie nicht selten zu Idolen wie *Albert Schweitzer* einerseits oder *Elvis Presley* andererseits. Fast immer haben sie etwas Unverwechselbares, wie die im Zeichen Steinbock geborenen Schauspieler und Showstars, die große französische Sängerin *Yvette Guilbert*, die zu Lebzeiten schon legendäre *Marlene Dietrich* oder *Hildegard Knef* und *Caterina Valente.* Neben einigen wenigen männlichen Steinbock-Stars (*Humphrey Bogart, Cary Grant, Richard Widmark* und den deutschsprachigen *Josef Kainz* und *Willy Millowitsch*) haben dieses unerklärliche Steinbock-Glitzern vor allem die Göttinnen im Rampenlicht: *Rosa Albach-Retty* oder *Hedwig Bleibtreu* etwa, *Käthe Dorsch, Ava Gardner, Lilian Harvey, Elsa Martinelli, Pola Negri, Henny Porten, Maria Schell* oder *Paula Wessely*, um nur ein paar zu nennen.

Steinbock-Frauen haben einen Zauber der Unnahbarkeit, der sie verehrungs- und anbetungswürdig macht. Aber keine Angst, man kann sie durchaus auch von ihrem Sockel herunterholen, allerdings nicht mit einem oberflächlichen Flirt. Eine Steinbock-Frau erobert man, indem man sie überzeugt. Hat man sie erst einmal errungen, dann bleibt sie ein Leben lang treu, denn ihre Gefühle sind tief und grundsätzlich. Nur Enttäuschungen verdauen Steinbock-Frauen schwer. Die Frivolität, die manche von ihnen mit zunehmendem Alter entwickeln und die man beispielsweise auch *Madame Pompadour* nachsagt, ist vor allem ein Abwehrmechanismus gegenüber einer als falsch und enttäuschend erfahrenen Männerwelt.

Der Komponist Richard Wagner wußte in seinem unruhigen Zwillinge-Leben die Beständigkeit der Steinbock-Frau wohl zu schätzen, etwa in *Mathilde Wesendonck*, der Gattin seines Zürcher Gönners Otto Wesendonck, zu dem er 1849 nach seiner Beteiligung an der Mai-Revolution floh. Im Zeichen Steinbock waren auch sein Freund, der Dirigent *Hans von Bülow*, und dessen Frau *Cosima*, die Tochter Franz Liszts, geboren. Als Cosima sich schließlich Wagner zuwandte und ihn nach ihrer Scheidung 1870 heiratete, zerbrach die Freundschaft zwischen Wagner und Bülow, was den Dirigenten in konsequenter Steinbock-Treue jedoch nicht hinderte, bis zu seinem Tode für die Musik Wagners einzutreten. Und wie Cosima Wagner als unbeugsame Herrin von Bayreuth das Erbe des Komponisten, den sie um 37 Jahre überlebte, hütete, ist hinlänglich bekannt.

Nebenbei bemerkt unterlag auch der Jungfrau-Geborene Goethe zweimal in seinem Leben dem Zauber einer Steinbock-Frau. In seiner Jugend wurde seine Wetzlarer Freundin *Charlotte Buff* Vorbild für die Lotte in seinem »Werther«, und 1775 begegnete er in Weimar der Hofdame *Charlotte von Stein*, die entscheidenden Einfluß auf die

Entwicklung und Festigung seiner Persönlichkeit nahm. Sie war übrigens sieben Jahre älter als Goethe.
Beruflich wollen Steinbock-Frauen – bei aller Selbständigkeit – nicht unbedingt selbst im Mittelpunkt stehen. Einen ganz großen Teil ihrer Energie verwenden sie auf die Karriere ihres Partners oder, etwa als Witwen, auf die Durchsetzung und den Bestand seines Werkes. Anders die Steinbock-Männer, die sich mehr für die Gemeinschaft als den einzelnen engagieren. Ist die Steinbock-Frau die ideale Gattin, so ist der Steinbock-Mann der ideale Familienvater. Er ist vorsorgend, verläßlich und ausgleichend. Er ist das unbestrittene Familienoberhaupt, ohne egoistisch oder autoritär zu sein. Allerdings schaut er auf Disziplin und Ordnung. Er liebt es, wenn das Essen jeden Tag pünktlich zur gleichen Minute auf den Tisch kommt, wenn die Oberhemden-Stapel im Schrank wie mit dem Lineal gezogen sind und wenn er immer alles am gleichen Platz wiederfindet. Übermäßiger häuslicher Aufwand, selbst wenn er ihm zuliebe betrieben wird, ist ihm ebenso ein Greuel wie übertriebene Extravaganz und Exklusivität.
Ob in der Familie, im Büro oder im Betrieb, bei einem Steinbock ist man immer in guten Händen, denn er strahlt Kraft, Konsequenz und Sicherheit aus. Er ist ein Sachwalter all der Dinge, die man eigentlich schon selbst für gut und richtig erkannt hat, die aber so schrecklich schwer zu erreichen sind. Häufig war er schon in der Schule Klassensprecher, und nun wird er auch im Betrieb offizieller oder auch inoffizieller Vertrauensmann der Belegschaft. Zu ihm kann man mit allen Sorgen und Problemen kommen,

denn er hört zu und weiß fast immer Rat und Hilfe. Ein Steinbock läßt niemanden im Stich.
Es ist das Verantwortungsbewußtsein des Steinbocks, sein Streben, in allem das Grundsätzliche und Wesentliche zu erkennen, das ihn so ernsthaft, so sachlich kühl erscheinen läßt. Und so moralisch! Der Steinbock – so sagt man – kommt mit erhobenem Zeigefinger auf die Welt. Als Kind ist er leicht erziehbar, lernt fleißig, hat ein gutes Verhältnis zu seinen Lehrern und den Erwachsenen überhaupt, was ihn gelegentlich altklug macht. Später ist er ein hervorragender Nachhilfelehrer, wie ihm überhaupt der Lehrberuf liegt. Nicht zufällig war der Schweizer Pädagoge *Johann Heinrich Pestalozzi* ein Steinbock, ebenso der deutsche Pädagoge und Philosoph *Theodor Litt* und der »Urwalddoktor« *Albert Schweitzer*, zwar kein Pädagoge, aber Idol und Vorbild einer ganzen Generation. Schweitzer war Arzt und evangelischer Theologe, wie die reformierte Theologie der evangelischen Kirche dem Steinbock meist näher liegt als eine rein gläubige Frömmigkeit. So war der Schweizer humanistische Reformator *Ulrich Zwingli*, (zusammen mit Calvin) Begründer der reformierten Kirche, ein Steinbock wie auch die protestantischen Theologen *Friedrich Gogarten*, *Helmut Gollwitzer*, *Martin Niemöller* oder der Friedensnobelpreisträger *Martin Luther King*.
Revoltieren ist seine Sache nicht, eher das Reformieren. Die vorwärtsstürmende Leidenschaftlichkeit eines Revoluzzertums geht dem Steinbock völlig ab. Nicht jedoch ein gewisser Dogmatismus, mit dem er ein systematisch erkanntes und planmäßig neuorientiertes Terrain verteidigt. Logisches Denken, Forschen und Experimentieren prä-

destinieren ihn vor allem für Berufe im naturwissenschaftlichen und praktischen Bereich. Ein Steinbock war der kaiserliche Mathematiker und Hofastronom *Johannes Kepler*, der die grundlegenden astronomischen Gesetze nachwies, etwa daß die Erde und die Planeten sich um die Sonne drehen und nicht die Sonne um die Erde. Andere wesentliche chemische, physikalische und praktische Entdeckungen und Erfindungen machten zum Beispiel die Steinböcke: *André Ampère, Henry Bessemer, Benjamin Franklin, Charles Goodyear, Jacques Montgolfier, Isaac Newton, Louis Pasteur, Philipp Reis* und *Edward Teller*.

Alle diese Wissenschaftler zeichnete nicht nur ihr systematisches und konsequentes Denken aus, sie verfügten auch über zwei andere hervorstechende Steinbock-Eigenschaften: Energie und Durchhaltevermögen. Dazu besitzt der Steinbock einen ebenso gesunden wie intensiven Ehrgeiz. Er weiß, was er durchsetzen will, und notfalls setzt er sich sogar ohne Rücksicht auf Verluste durch. Daß er dabei manchmal schmerzhaft auf der Psyche anderer Menschen, Freunde oder Partner herumtrampelt, bemerkt er gar nicht. Denn seine Sensibilität funktioniert nur da, wo es um ihn selbst oder die Sache, die er vertritt, geht.

Da liegt die Achillesferse des Steinbockes: Er selbst ist sehr verletzlich und duldet nicht (oder doch nur ungern), daß man an ihm persönlich Kritik übt. Dagegen fühlt er sich durchaus berufen und legitimiert, andere offen und gelegentlich schonungslos zu kritisieren. Allerdings muß man ihm zugestehen, daß seine Kritik nie bösartig oder hinterhältig ist. Sollte er den Kritikerberuf zu seinem Metier machen, wie beispielsweise der Berliner Theaterkriti-

ker *Alfred Kerr* oder der österreichische Kunsthistoriker *Hans Sedlmayr*, dann gehört er sicher zu den rigorosen und gefürchteten Rezensenten.
In weiterem Sinne gilt das sogar generell für die meisten schreibenden Steinböcke. Als Schriftsteller sind sie fast immer irgendwo oder irgendwie engagiert – wie der nationale *Ernst Moritz Arndt*, die Französin *Simone de Beauvoir*, der Prager *Karel Capek*, der ungarische Freiheitskämpfer *Sándor Petöfi*, die Deutschen *Kurt Tucholsky* und *Friedrich Wolf*, oder doch provozierend wie *Henry Miller*.
Gerade bei den Dichtern kann man beobachten, wie viele der unter diesem Sternzeichen Geborenen ihr äußerlich nüchternes und gradliniges Steinbock-Leben mit einer starken Phantasie im Denken kompensieren – als Ausgleich zur Wirklichkeit: Sie schreiben etwa hervorragende Abenteuergeschichten, wie der Münchhausen-Autor *Gottfried August Bürger* und die Engländer *Rudyard Kipling* und *Jack London*, oder unheimlich-phantastische, wie *Gustav Meyrink, Edgar Allan Poe* oder *Paul Scheerbart*.
Nicht selten prädestiniert sie ihr starkes Vorstellungsvermögen auch zum Dramatiker, ein Gebiet, auf dem sie etwas herauskehren, was man gemeinhin beim Steinbock selten findet: Humor. *Calderon, Molière, Scribe, Molnár, Dürrenmatt* und *Zuckmayer* sind hierfür erstaunliche Beispiele.
Die Phantasie des Steinbocks ist keine spielerische, schon weil er im Denken keine Zufälle gelten läßt. Unter den Dadaisten gab es gewiß keinen Steinbock! Die Phantasie des Steinbocks will vielmehr konkret etwas Neues schaffen, Denken in Bilder umsetzen, und das nicht selten so

handfest wie die Bildhauer *Christian Rauch, Ernst Barlach, Wilhelm Lehmbruck, Antoine Pevsner* oder *Giacomo Manzù* oder so phantastisch-realistisch wie die Regisseure *Federico Fellini, Gustaf Gründgens, Sergio Leone, Richard Lester, Friedrich Wilhelm Murnau, Carol Reed, Peter Stein, Jean Marie Straub* oder *Wieland Wagner*. Natürlich gehören in diese ungewöhnlich lange Prominentenreihe auch die Choreographen und Tänzerinnen *Georges Balanchine, Maurice Béjart, Gret Palucca* und *Galina Ulanowa*.

Einer der bedeutendsten Regisseure, der Russe *Konstantin Stanislawskij*, hat sich als echter Steinbock auch theoretisch und systematisch mit seinem Metier beschäftigt, stellte Schauspielerregeln auf – wie es übrigens *Konrad Duden* für die deutsche Rechtschreibung oder *Jacob Grimm* für die deutsche Grammatik taten. Von dieser Veranlagung, alles zu reglementieren, hat mancher Steinbock seinen Hang zur Prinzipienreiterei.

Letztlich ist es gut zu wissen, daß auch der »anbetungswürdige« Steinbock – wie jedes Tierkreiszeichen – seine Schwächen und Unvollkommenheiten hat. Und selbst sie paßten dem Steinbock *Fellini* noch in seine Weltordnung, denn – so behauptete er – »intelligente Fehler zu machen, ist eine große Kunst« …

*Liebeshoroskop*

# *Die treuen Einbahn-Erotiker*

Steinböcke gehören zu den verläßlichsten Sternzeichen. Da weiß man, was man hat. Allerdings kann man sich auch ausrechnen, was einem in der Partnerschaft mit einem Steinbock möglicherweise abgehen könnte: das Spiel des Frivolen, die Lust am Abenteuer oder die Phantasie für neue Experimente. So ein richtiger Steinbock (welchen Geschlechts auch immer) ist grundsolide, treu und zuverlässig.

Andererseits schlummern in jedem Steinbock ungeahnte Energien – auch erotische –, die es nur zu wecken gilt. Generell ist so ein Steinbock schwer aus der Reserve zu locken, dafür ist er viel zu kontrolliert. Will man es trotzdem versuchen, benötigt man ein für den zu verführenden Steinbock vertrautes Ambiente, innovative Phantasie und vielleicht etwas Anlaufzeit. Wer zu diesem aufwendigen Einsatz bereit ist, wird es wohl kaum bereuen. Es kann eine lange Nacht werden. Je länger man nämlich einen Steinbock im Bett zu fesseln vermag, um so mehr Freude macht es ihm.

Daß Liebe auch im Bett stattfindet, fällt einem Steinbock nicht immer gleich als erstes ein. Eher neigen die Steinböcke dazu, potentielle PartnerInnen auf ihre Ehemöglichkeit zu testen. Steinbock-Frauen ersparen sich schon deshalb viel Liebeskummer, weil sie frühzeitig ein Gefühl dafür entwickeln, wer der »richtige« Partner für sie sein könnte. Kommt es trotzdem zu Enttäuschungen, haken sie das – realitätsbezogen wie sie sind – als Erweiterung ihres Erfahrungsschatzes ab. Andererseits können sie sehr viel Energie investieren, um schließlich doch noch den Mann zu kriegen, den sie sich nun einmal in den Kopf gesetzt haben.

Auch die Steinbock-Männer halten nicht sehr viel von dem Motto »Probieren geht über Studieren«, wie ihnen überhaupt die Lust am Experimentieren ein wenig abgeht. Sie halten sich gern an Bewährtes. Wenn es darum geht, die Frau, die sie nach reiflicher Überlegung zur Dame ihres Herzens erwählt haben, nun auch zu erobern, dann ziehen sie einem Überraschungsangriff eher jene militärische Taktik vor, die den Gegner möglichst unbemerkt einkreist, bis ihm eine Flucht ohne Blessuren unmöglich wird. Das Erfolgsgeheimnis der Steinböcke besteht darin, daß diese Methode fast immer funktioniert.

Natürlich braucht man auch bei dieser Taktik etwas Routine im Umgang mit dem anderen Geschlecht. Doch das macht dem Steinbock nichts aus, denn er verfügt über viel Zeit und eine ausdauernde Energie. Es geht ihm schließlich nicht darum, mit seiner Auserwählten rasch ins Bett zu kommen, er sucht fast immer die Frau fürs Leben.

Dem entspricht auch seine Auffassung von Treue. Selbst wenn er sich als gestandener Ehemann mal einen Seitensprung leistet, diese Dame darf sich kaum Hoffnung darauf machen, daß er sich eines Tages doch scheiden läßt und sich ihr ganz zuwendet, insbesondere wenn er nicht nur seine Frau, sondern eine ganze Familie verlassen müßte. Steinböcke sind sehr verantwortungsvolle Familienväter. Verfügen sie darüber hinaus auch noch über den nötigen Humor, so stellen sie im Familienkreis die unangefochtene Autorität dar.

Ähnliches gilt auch für die weiblichen Steinböcke, die, tüchtig, praktisch und zuverlässig, dem idealen Muttertyp

entsprechen. Als Großmütter übernehmen sie dann, weise und bestimmend, den Vorsitz im Familienrat.
So eine Steinbock-Frau weiß schon in jungen Jahren, was und wen sie will. Nur mit Verführercharme und Liebesschwüren ist sie nicht einzufangen, Rosen und Konfekt können sie nicht betören. (Geschenke müssen in ihren Augen vor allem einen praktischen Nutzen haben oder doch einen bleibenden Wert. Schenken Sie ihr nichts, was man essen, trinken oder nach einer Weile wegwerfen muß.)
Abgesehen vom Steinbock, mit dem er sich sozusagen auf einer Wellenlänge befindet, hat da zum Beispiel der Stier gute Chancen, auch er ein Erdzeichen mit viel Familiensinn. Andererseits bringt sein Hang zur Unruhe einiges Leben und vielleicht auch Fröhlichkeit in die Partnerschaft mit einem Steinbock.
Romantische Steinbock-Frauen könnten leicht für Fische- oder Krebs-Männer schwärmen, vor einer Verbindung mit ihnen sollte man sie aber warnen, denn deren Hang zum Chaotischen könnte ihnen bald auf die Nerven gehen. Solider sind da Verbindungen mit einem prinzipientreuen Skorpion oder einem großzügigen Schützen, der seine Steinbock-Dame gewiß in die teuren Restaurants und zu den Luxusreisen einlädt, die sie sich selber nie gönnen würde.
Anderer Ansicht sind da die Steinbock-Männer, die wenig Verständnis aufbringen können für die Verschwendungssucht der Waage, die Löwen-Liebe zum Luxus, die irrationale Spontaneität des Widders oder ähnlich überflüssige Eigenschaften. Dagegen findet er bei den Wasserzeichen

Krebs, Skorpion und Fische als Ergänzung genau jene Eigenschaft, die ihm selber abgeht: die Romantik. Ganz auf seiner Linie liegen auch die Damen, die unter dem Sternzeichen des Wassermanns geboren sind. Nur könnte die Beziehung Steinbock – Wassermann bei aller Harmonie mit der Zeit ein wenig langweilig werden. Und das würde natürlich auch im Schlafzimmer so sein …

*Heitere Geschichten von gekrönten und ungekrönten Häuptern*

## Marcus Tullius Cicero

*Arpinum 3. 1. 106 v. Chr. – Formiae 7. 12. 43 v. Chr.*

Der römische Staatsmann war ungewöhnlich gebildet, verfaßte mehrere philosophische Werke, in denen er sich intensiv mit dem übernommenen Geistesgut der Griechen auseinandersetzte, und theoretische Schriften zur Rhetorik. Er selbst galt als der größte Redner Roms, achtundfünfzig seiner Reden sind erhalten. Im Jahr 76 v. Chr. wurde er Quästor, hoher Untersuchungsrichter und Finanzbeamter in Sizilien. Als solcher hatte er sich auch um die lückenlose Getreideversorgung Roms aus der »Getreidekammer« Sizilien gekümmert, ein Verdienst, von dem er annahm, daß es seinen Namen in Rom bekannt gemacht hätte. Doch als er nach fast sieben Jahren zurückkehrte und den ersten seiner Freunde traf, fragte ihn dieser zu seiner Enttäuschung: »Nun, wo hast du denn die ganze Zeit gesteckt?«

In Rom wurde er einer der vier Ädilen, hohe Staatsbeamte, die als Gehilfen der Volkstribunen gewählt wurden, und 66 v. Chr. Prätor, der höchste Staatsbeamte, der zugleich oberster Richter war und praktisch die Aufgaben des späteren Konsul hatte. Einst wohnte er einer Verhandlung bei, in der ein Bäcker angeklagt wurde, seinen Vater mit vergiftetem Kuchen ermordet zu haben. Der Angeklagte überhäufte den obersten Richter Cicero mit Beschimpfungen und Beleidigungen. Aber dieser blieb kühl und sagte schließlich: »Schmähe mich nur! Deine Worte sind mir lieber als deine Kuchen!«

Verhaßt war dem Redner Cicero überflüssiges oder falsches Pathos. Mit großer Geste begann ein Advokat seine Verteidigungsrede: »Dieser Mann, den seine Mutter neun Monate lang in ihren Eingeweiden trug...« Da unterbrach ihn Cicero: »Wo tragen andere Mütter ihre Kinder?«
Von Caninius Resitius, der nur einen Tag lang Konsul gewesen war, spottete Cicero: »Er wird in die Geschichte eingehen als derjenige Römer, der als Konsul nicht einen einzigen Moment geschlafen hat.«
Von einer Frau, die immer wieder betonte, daß sie erst dreißig Jahre alt sei, meinte Cicero: »Es wird wohl stimmen, denn sie behauptet es schon seit zwanzig Jahren.«

## ALEXANDER I. PAWLOWITSCH
*St. Petersburg 23. 12. 1777 – Taganrog 1. 12. 1825*

Der älteste Sohn des unter seiner Mitwisserschaft ermordeten Paul I. wurde 1801 als Alexander I. zum Zaren gekrönt. Als er später Ludwig XVIII. in Paris besuchte, freundete er sich mit dem Herzog von Rovigo an, den der französische König kaltgestellt hatte. Einem hohen Hofbeamten gegenüber erkundigte sich der russische Zar, ob man dem Herzog denn nicht wenigstens ein repräsentatives Hofamt geben könne. Das, so wurde ihm bedeutet, sei völlig unmöglich, denn der Herzog war seinerzeit Vorsitzender eines Kriegsgerichtes gewesen, das den Herzog von Enghien, einen Vetter des Königs, zum Tode verurteilt

hatte. »Na und?« wunderte sich Alexander I. »Ich speise jeden Tag mit Benningsen und Uschiakow, die meinen Vater ermordet haben.«
Von der Krönung Alexanders I. berichteten französische Diplomaten dem Polizeiminister Fouché nach Paris: »... Dann nahte der junge Zar, vor ihm die Mörder seines Großvaters, hinter ihm die Mörder seines Vaters und umgeben von seinen eigenen Mördern ...«
Nachdem der russische Zar zuerst Österreich und dann Preußen gegen Napoleon unterstützt hatte, schloß er 1807 in Tilsit ein Bündnis mit dem Franzosenkaiser, um im Krieg gegen die Schweden und die Türken freie Hand zu haben, kündigte es aber 1811 wieder auf und stellte sich nach dem Rußlandfeldzug Napoleons an die Spitze der antifranzösischen Koalition. So war er auf dem Wiener Kongreß eine der politischen Schlüsselfiguren. Einer der gewiegtesten Diplomaten dort war der französische Außenminister Fürst Talleyrand, der zuerst Bischof unter Ludwig XVI., dann Diplomat bei Napoleon und nun Minister Ludwigs XVIII. war. Der Zar, der sich über seine arrogante Herablassung ärgerte, sagte von Talleyrand: »Er glaubt wohl, er sei ein Minister des ›Sonnenkönigs‹ Ludwig XIV. Aber da irrt er sich um mehr als ein Jahrhundert!«
Auf dem Wiener Kongreß wurde nicht nur Politik gemacht, sondern bekanntlich auch »getanzt«. Auch der russische Zar ließ keine Gelegenheit aus, um sich zu amüsieren. Galant näherte er sich auf einem Ball der Gräfin Széchényi-Guilford, deren Gatte verreist war, und sagte: »Wie ich höre, Madame, ist Ihr Gatte abwesend? Ich wäre glücklich, wenn ich seinen Platz einnehmen könnte.«

Spitz erwiderte sie: »Majestät verwechseln mich mit einer Provinz.«
Nach dieser Abfuhr war es vielleicht verständlich, daß er wenig später zum Fürsten Rasumowsky sagte: »Ich war heute früh bei einer Parade. Das ist eigentlich etwas viel Schöneres als so ein Ball.« Geistesgegenwärtig parierte der Fürst die taktlose Bemerkung: »Es freut mich, das zu wissen. Ich werde mir erlauben, zu meinem nächsten Ball eine Kompanie Ihres Regiments einzuladen.«

## THOMAS WOODROW WILSON

*Staunton 28.12.1856 – Washington 3.2.1924*

Der 28. Präsident der Vereinigten Staaten war zuerst, von 1910 bis 1912, demokratischer Gouverneur von New Jersey. Eines Tages erhielt er die Nachricht, einer seiner guten Freunde, der Senator von New Jersey, sei gestorben. Noch war er erschüttert von dem Tod, als wenige Minuten später ein Politiker bei ihm anrief und sich selbst als Nachfolger des Senators anbot. Gouverneur Wilson machte eine Pause, dann sagte er trocken: »Gut, ich bin einverstanden. Aber erkundigen Sie sich doch vorher, ob auch der Leichenbestatter damit einverstanden ist.«
Nachdem Wilson 1913 Präsident der Vereinigten Staaten geworden war, führte er eine Reihe wirtschafts- und finanzpolitischer Reformen durch und kümmerte sich vor allem um innenpolitische Fragen und Probleme. Einmal fuhr er, nur von einem einzigen Geheimagenten begleitet,

über Land. Als sie durch einen Ort kamen, fragte Wilson plötzlich: »Haben Sie den kleinen Jungen gesehen?« – »Nein.« – »Dann haben Sie auch nicht gesehen, was er gemacht hat? Er hat mir die Zunge herausgestreckt.« Der Agent wollte sogleich umkehren, um den Jungen zu bestrafen, aber der Präsident hielt ihn davon ab und meinte nur: »Dann haben Sie ja auch nicht gesehen, was ich gemacht habe.« – »Nein. Warum, Mr. President?« – »Ich habe ihm auch die Zunge rausgestreckt!«

Durch den Ersten Weltkrieg wurde Wilson gezwungen, sich vor allem um die Außenpolitik zu kümmern. Doch seine Friedensbemühungen, für die ihm 1919 der Friedensnobelpreis verliehen wurde, sollten sich später als erfolglos erweisen. Sein im Januar 1918 verkündetes 14-Punkte-Programm für einen dauerhaften und gerechten Frieden konnte er nur zum Teil durchsetzen. Die meisten Punkte opferte er seinen französischen und englischen Verhandlungspartnern, um sein Hauptziel, die Gründung des Völkerbundes, zu erreichen, dem die USA dann später nicht beitraten. Dennoch ging er in die Geschichte als großer Präsident der Nation ein. 1915 inszenierte der Regisseur David Wark Griffith einen der ersten Monumental-Filme, ein Epos über den amerikanischen Bürgerkrieg mit dem Titel »The Birth of a Nation« (Die Geburt einer Nation). Hollywood-Kollegen spöttelten über Griffiths filmischen Größenwahn: »Er schaut sich die Streifen an, denkt eine Weile nach und sagt dann zu seinem Assistenten: ›Diese zehntausend Pferde hätte ich lieber ein wenig mehr links.‹« Der Präsident allerdings war beeindruckt. »Das ist Geschichte, wie mit dem Blitz geschrieben«, sagte er.

## David Lloyd George

*Manchester 17. 1. 1863 – Llanystumdwy/Wales 26. 3. 1945*

Seit 1890 liberaler Unterhausabgeordneter, wurde Lloyd George 1908 Schatzkanzler, später Munitions-, Kriegs- und schließlich von 1916 bis 1922 Premierminister. Er war der typische englische Gentleman, den er selbst folgendermaßen definierte: »Ein wirklicher Gentleman nimmt – auch wenn er allein ist – den Zucker mit der Zange.«

Dagegen benahm sich eine militante Frauenrechtlerin auf einer Wahlversammlung ihm gegenüber wenig ladylike, indem sie ihm zurief: »Wenn Sie mein Mann wären, würde ich Ihnen Gift geben!« Lächelnd gab Lloyd George zurück: »Wenn ich Ihr Mann wäre, würde ich es sogar nehmen!«

Auf einer anderen Versammlung in Wales begrüßte ihn der Vorsitzende mit den witzig gemeinten Worten: »Ich habe so viel von Mr. Lloyd George gehört, daß ich sicher war, einen in jeder Beziehung großen Mann hier zu begrüßen. Deshalb wird es Sie, Ladies und Gentlemen, vielleicht ebenso erstaunen, daß wir in Mr. Lloyd George einen Mann von kleinem Wuchs erblicken.« Das mißglückte Kompliment reizte den Angesprochenen, seine Rede mit den Worten zu beginnen: »Es tut mir leid, daß ich Sie mit meiner Erscheinung enttäuscht habe. Aber das liegt offenbar an der unterschiedlichen Art, mit der man gewohnt ist, einen Mann zu messen. In London pflegt man vom Kinn an aufwärts zu messen, in Wales, so scheint es mir, vom Kinn an abwärts...«

In einem Klub, in dem Lloyd George Präsident war, bat man ihn, einen Streit zu schlichten: Ein Mitglied hatte einem anderen beim Whist die Karten an den Kopf geworfen: »Verzeihen Sie Ihrem Gegner«, sagte Lloyd George versöhnlich zu dem Beleidigten, »Sie sollten eigentlich froh sein.« – »Ich sollte froh sein?! Wieso?« fragte der überrascht. »Nun, es hätte Ihnen ja das auch beim Billard passieren können.«

Nach dem Ersten Weltkrieg war er bei der Versailler Friedenskonferenz ein zäher Gegner seines französischen Verhandlungspartners Clemenceau, des »Tigers«, dessen Plan eine Zerstückelung des Deutschen Reiches er sich zum Teil erfolgreich widersetzen konnte. »Jedesmal, wenn ich Clemenceau wiedersehe«, sagte er, »hat er ein Jahr weniger und eine Kralle mehr.«

## Hermann Göring

*Rosenheim 12. 1. 1893 – Nürnberg 15. 10. 1946*

Der ehemalige Jagdflieger im Ersten Weltkrieg wurde nach der Machtergreifung der Nationalsozialisten im Mai 1933 Oberbefehlshaber der Luftwaffe. Der 1922 in die NSDAP eingetretene Göring war der populärste Politiker der braunen Machthaber. Keineswegs verbürgt ist die Geschichte, nach der am Abend des 27. Februar 1933 sein Adjutant zu ihm hereinstürzte und aufgeregt rief: »Herr Ministerpräsi-

dent, der Reichstag brennt!« Darauf soll Göring nach einem Blick auf die Uhr gefragt haben: »Schon?«
Gegenstand vieler Witze war auch sein unerschütterliches Selbstbewußtsein: Göring fuhr durch den Teutoburger Wald, erblickte ein monumentales Bauwerk und erkundigte sich, was das sei. »Das ist das Hermann-Denkmal«, wurde ihm geantwortet. Geschmeichelt meinte er: »Das wäre aber nicht notwendig gewesen, wegen der paar Tage hier.«
Während einer Italienreise Hitlers rempelte Göring, der ihn begleitete, auf einem Bahnhof im Gedränge der Begrüßung einen Italiener an. Erbost sagte er: »Erlauben Sie, ich bin Hermann Göring!« Da verbeugte sich der Italiener und sagte lächelnd: »Als Entschuldigung reicht das nicht aus, als Erklärung lasse ich es gelten.«
Göring liebte es zu repräsentieren, trug gern Uniformen und so viele Orden, wie er nur auf seiner breiten Brust unterbringen konnte. Der Volkswitz behauptete, man wolle eine neue Gewichtseinheit einführen, genannt »Göring«. Ein »Göring« sei die Summe Blech, die ein ausgewachsener Mann auf der Brust tragen könne.
Andere wollten wissen, Göring habe Flugverbot erhalten. Der Grund? Jedesmal, wenn er geflogen sei, habe anschließend wieder ein Stern am Himmel gefehlt.
Zu Beginn des Zweiten Weltkrieges wurde der Film »Die große Liebe« mit Zarah Leander ein großer Kassenerfolg. Der Film, in dem ein Fliegerleutnant eine Liebesnacht mit der Hauptdarstellerin verbringt, erregte beim Oberkommando der Wehrmacht Anstoß. Propagandaminister Goebbels, der den Film ungern einziehen wollte, holte sich bei Göring Rat. Dieser konnte ebenfalls die morali-

schen Bedenken der obersten Heeresführer nicht teilen und meinte: »Ein Fliegerleutnant, der mit einer schönen Frau zu schlafen Gelegenheit hat und sie nicht nutzt, ist kein deutscher Fliegerleutnant.«

## Konrad Adenauer

*Köln 5. 1. 1876 – Rhöndorf 19. 4. 1967*

Der bedeutende Staatsmann und erste Kanzler der zweiten deutschen Republik hatte schon eine lange, erfolgreiche politische Karriere hinter sich, als er 1933 – mit siebenundfünfzig Jahren – gezwungen wurde, sich aufs Altenteil zurückzuziehen. Er war sechzehn Jahre lang Oberbürgermeister von Köln und dreizehn Jahre lang Präsident des Preußischen Staatsrates gewesen. Aus seiner Jugend und von seinem Privatleben wurde bis heute wenig bekannt. Auch in seinen Memoiren sparte er die frühe Zeit und Privates so völlig aus, daß er darin nicht einmal den Tod seiner zweiten Frau erwähnte.
Gelegentlich kam er allerdings im privaten Kreis auf sein Abitur zu sprechen. Ein Klassenkamerad hatte sich bei dem erkrankten Klassenlehrer die Themen für den Deutschaufsatz und den Text der Lateinarbeit beschafft. Damit es nicht auffiel, hatte Adenauer zuvor in der Klasse genau festgelegt, wer – absichtlich – welche Fehler in seiner Arbeit machen sollte. Noch als Bundeskanzler hatte er gelegentlich den Alptraum, wegen dieser Schummelei das Abitur nachmachen zu müssen.

Zweimal in seiner politischen Karriere war es im wörtlichen Sinne »seine Stimme«, die den Ausschlag gab. Nach seinem Jura-Studium wurde Adenauer Beamter und 1906 in den Rat der Stadt Köln gewählt – mit einer Stimme Mehrheit, seiner eigenen. Mit einer Stimme Mehrheit wurde er auch am 15. September 1949 zum Bundeskanzler gewählt. Als man ihn später fragte, ob er sich selbst gewählt habe, antwortete er: »Selbstverständlich, etwas anderes wäre mir doch als Heuchelei vorgekommen.«

1917 wurde Adenauer Oberbürgermeister von Köln. Das Ende des Ersten Weltkrieges und die politischen und sozialrevolutionären Wirren der Nachkriegszeit machten ihm seine Aufgabe nicht gerade leicht. Als es im Herbst 1918 in Berlin und München, aber auch im Rheinland gärte und man nicht wußte, ob der nächste Tag die große Revolution nach dem Vorbild Rußlands bringen werde, entschloß sich der Kölner Oberbürgermeister zu einer sehr unpopulären Maßnahme: Um die Gemüter der aufgebrachten Arbeiter und hungernden Bürger nicht noch mehr aufzuheizen, ließ er die in Köln lagernden Fässer mit Alkohol im Rhein versenken. So konnte am 9. November, als der Kaiser Deutschland verließ, und im aufgewühlten Berlin Scheidemann die Republik ausrief, die »Rheinische Zeitung« berichten: »Köln ist vollkommen ruhig!«

Eigenwillig und selbstbewußt war Konrad Adenauer schon damals, als er noch der jüngste Bürgermeister einer deutschen Großstadt war. Nie ganz gelüftet wurde das Geheimnis seiner Reise im Juni 1919 zu den »Friedensverhandlungen« nach Versailles, wo ja auch das Schicksal des Rheinlandes und Kölns auf dem Spiel stand. Lediglich den Leiter der offiziellen deutschen Delegation, den Staatssekretär im Außenministerium Graf Rantzau, hatte er zuvor informiert. Als der Essener Oberbürgermeister Hans Luther, der spätere Reichskanzler, von Adenauers heimlicher Reise nach Paris hörte, fragte er empört telegraphisch bei Anton Koch-Weser, dem Reichsinnenminister, an, wieso »Oberbürgermeister Adenauer und vier andere Kölner Herren zu vertraulichen Besprechungen nach Versailles berufen« wären, dies löse bei ihm »Empfindungen aus, daß nun doch die Gemütlichkeit aufhört«.

In den unruhigen Zeiten der Weimarer Republik war der Sessel des Reichskanzlers in Berlin eine Art »Schleudersitz«. Schon damals hatte Adenauer zweimal die Chance, Kanzler zu werden, ohne sie jedoch zu ergreifen. Das erste Angebot kam 1921, als die Koalition aus Zentrum, Deutsche Volkspartei und Deutsche Demokratische Partei zerfiel und Reichskanzler Konstantin Fehrenbach abberufen wurde. Damals stellte Adenauer die Vorbedingung, daß sich die Parteien mit einer möglichen Verlängerung der achtstündigen Arbeitszeit einverstanden erklären müßten. Als daraufhin ein Sturm der Entrüstung bei Arbeitern, Gewerkschaftlern und Sozialdemokraten losbrach, reiste Adenauer ungerührt in Urlaub. Als er nach Köln zurückkehrte, war der Zentrumspolitiker Joseph Wirth Reichskanzler geworden – und blieb es immerhin achtzehn Monate lang.

Adenauer hatte die katastrophale Finanzlage Deutschlands durch Mehrarbeit lösen wollen, und sein Gedankengang war insofern richtig, als nach zwei Jahren die Franzosen ins Ruhrgebiet einmarschierten, weil Deutschland die

Reparationen nicht bezahlen konnte. So kam fünf Jahre später der zweite Antrag aus Berlin, wohin ihn am Himmelfahrtstag 1926 ein dringendes Telegramm rief. Doch Adenauer fuhr nicht, sondern stellte wiederum Bedingungen, insbesondere die Garantie für eine regierungsfähige Mehrheit im Reichstag, an denen auch diesmal seine Übersiedelung von Köln nach Berlin scheiterte. Im Grunde verlockte es ihn auch wenig, den sicheren (und gut bezahlten) Oberbürgermeisterposten in Köln aufzugeben: »Für mich wäre die Übernahme des Kanzlerpostens ein sehr schwerer Entschluß, da ich aus einem mir lieb gewordenen Wirkungskreise, der weit über Köln hinausreicht, ausscheiden müßte, um mich hier in längerer oder kürzerer Zeit zu verbrauchen.« Zwei Jahre später wurde er als Kölner Oberbürgermeister wiedergewählt – übrigens auch diesmal mit einer, seiner eigenen Stimme Mehrheit!
Als am 30. Januar 1933 die Nationalsozialisten an die Macht kamen, war Adenauer nicht bereit, sich kampflos der »braunen Diktatur« zu unterwerfen. Die Nazis jedoch, denen seine oppositionelle Haltung bekannt war, forderten ihn heraus. Am 17. Februar 1933 kam Hitler – weder eingeladen noch aufgefordert – nach Köln. Da er offiziell nicht als der neue Reichskanzler, sondern als Parteiführer anreiste, sah sich der Oberbürgermeister nicht gezwungen, ihn am Flughafen persönlich zu empfangen. Mehr noch: Über Nacht hatte man auf der Köln-Deutzer Rheinbrücke für den Empfang des Führers Hakenkreuzfahnen gehißt. Da die Brücke der Stadt Köln gehörte, in der er, Adenauer, allein zu bestimmen hatte, was geschah und was nicht, ließ er die roten Fahnen wieder herunterholen. Lediglich

vor den Messehallen, wo Hitler als Parteiredner auftrat, erlaubte er – durchaus demokratisch –, daß die Hakenkreuzfahnen im Winde weiterflatterten.
Es war auch ihm klar, daß diese Provokation Folgen haben würde. Wenige Tage später war er in Berlin bei Göring, der ihn prompt fragte, warum er die Fahnen habe von den Brückenpfeilern holen lassen. Konrad Adenauer: »Weil ich den Eindruck hatte, daß die Mehrheit der Kölner Bürgerschaft mit dem Anbringen der Fahnen nicht einverstanden war.«
Die weiteren Folgen waren absehbar, auch ohne den prophetischen Spürsinn des »Westdeutschen Beobachters«, der schrieb: »Das neue Deutschland ist *ohne* und *gegen* Herrn Adenauer entstanden und wird deshalb auch mit Herrn Adenauer restlos fertig werden.« Stück um Stück wurde er entmachtet, und im Anbau seines Hauses quartierte sich die SA ein, um ihn ständig zu kontrollieren. Am 13. März reiste er im frühen Morgengrauen »heimlich« nach Berlin, um dort gegen die schlechte Behandlung und die Repressalien zu protestieren. Doch Göring, inzwischen als preußischer Ministerpräsident sein Vorgesetzter, empfing ihn erst nach drei Tagen. Natürlich richtete er in Berlin nichts aus. Dafür fand er bei seiner Rückkehr nach Köln auf seinem Schreibtisch seine Entlassung vor. Und am 3. April beauftragte Göring den Regierungspräsidenten in Köln, »gegen den bereits seit einigen Wochen amtsenthobenen Oberbürgermeister Adenauer das formelle Dienststrafverfahren einzuleiten«.
Nach dem Krieg schmiedeten wie in Berlin auch in Köln einige frühere Zentrumspolitiker und Widerstandskämp-

fer Pläne für eine neu zu gründende christliche Partei. Adenauer, aufgefordert, sich zu beteiligen, erteilte ihnen eine Absage mit der Begründung, er werde erst beitreten, wenn die Partei von der amerikanischen Besatzungsmacht genehmigt sei. (Als Steinbock hielt er sich genau an die Bestimmungen.)

Im Dezember 1945 fanden sich die Parteigründer aus Berlin, Köln und München zu einem ersten »Reichstreffen« in Bad Godesberg zusammen. Diesmal war Adenauer schon dabei. An der Ausarbeitung des Parteiprogramms der Christlich Demokratischen Union (CDU) war er maßgeblich beteiligt. Wenig später fuhr er zu einem Treffen der rheinischen und westfälischen CDU-Politiker nach Herford. Als er den Saal betrat, war der Sessel des Vorsitzenden noch leer. Ohne Zögern setzte sich der Siebzigjährige hinein und eröffnete die Sitzung mit den Worten: »Ich bin 1876 geboren, also wohl der Älteste hier. Wenn niemand widerspricht, darf ich mich als Alterspräsident betrachten.« Am Schluß der Sitzung war er Vorsitzender der rheinischen CDU, wenig später Vorsitzender der CDU in der (inzwischen) britischen Besatzungszone. Führer der gesamten Partei wurde er erst im Mai 1950, als er bereits Bundeskanzler war.

Im August 1949 ging die CDU als stärkste Partei aus den ersten Wahlen nach dem Krieg hervor. Kurz darauf lud Adenauer die gewählten und führenden CDU- und CSU-Politiker in sein Rhöndorfer Haus, wo er sie großzügig bewirtete. Es ging um die Frage der Regierungsbildung. Die meisten Anwesenden waren für eine große Koalition mit der SPD. Adenauer nicht. Als sich nach langen Diskussio-

nen die Meinungen festgefahren hatten, sagte er: »Holen wir uns doch den Rat unseres jungen bayerischen Freundes.« Es war Franz Josef Strauß, der ebenfalls für eine CDU/CSU-Alleinregierung war und mit dessen Hilfe es Adenauer gelang, seine Überzeugung durchzusetzen.
Danach stellte sich die Frage, wer nun Bundeskanzler werden sollte. Als schließlich jemand Adenauer selbst vorschlug, sagte er: »Wenn die Anwesenden alle dieser Meinung sind, nehme ich an. Ich habe mit Professor Martini, meinem Arzt, gesprochen, ob ich in meinem Alter dieses Amt wenigstens noch ein Jahr übernehmen könne. Professor Martini hat keine Bedenken. Er meint, auch für zwei Jahre könne ich das Amt ausführen. So, und jetzt wollen wir etwas Anständiges trinken.«
Konrad Adenauer wurde mit dreiundsiebzig Jahren Kanzler, dreimal wiedergewählt, und trat 1963 im Alter von siebenundachtzig Jahren zurück. Er war es, der es durchsetzte, daß nicht Frankfurt, sondern das kleine Bonn, wenige Kilometer von Köln und seinem Wohnort Rhöndorf entfernt, Bundeshauptstadt wurde. Der britische Schriftsteller und ehemalige Diplomat in Bonn John le Carré schrieb: »Wohl kein anderes Volk als die Deutschen hätte es fertiggebracht, einen Kanzler zu wählen und ihm dann die Hauptstadt vor die Tür zu bringen.«
Auf einem Empfang begrüßte Bundeskanzler Adenauer den damals aus vielen Heimatfilmen sehr populären Schauspieler Rudolf Prack mit den Worten: »Sie haben in Ihrem Leben ja wirklich viel erreicht.« Darauf meinte Prack: »Herr Bundeskanzler, ich habe vor allem eines erreicht: Ich grüße nur noch Menschen, die ich mag!« – »Se-

hen Sie, Herr Prack«, meinte Adenauer, »dat habe noch nicht mal ich erreicht!«

Adenauer sagte einmal: »In der Politik sollte man niemals sagen, mit dem Mann setze ich mich nicht zu Verhandlungen zusammen. Wenn es sein muß, setze ich mich auch mit dem Teufel an einen Tisch.«

Ein ähnliches Gefühl muß ihn überkommen haben, als er 1955 mit einer Delegation nach Moskau reiste, um die deutschen Kriegsgefangenen freizubekommen. Chruschtschow empfing ihn mit einer jeder diplomatischen Gepflogenheit zuwiderlaufenden Flut von Beschimpfungen, die der erschrockene Dolmetscher gar nicht alle übersetzen konnte. Einer der Gründe mag gewesen sein, daß der Russe unsicher war, ob Adenauer möglicherweise entmachtet oder gar sterben würde, bevor die Russen ihren Wunsch nach der Aufnahme diplomatischer Beziehungen durchgesetzt hatten. Adenauer wollte dem jedoch nur zustimmen, wenn auch der letzte Deutsche wieder in seinem Heimatland wäre. Als Adenauer kühl und gelassen auf die harten Worte reagierte, versuchte ihn Chruschtschow mit harten Schnäpsen umzustimmen. Plötzlich bemerkte der deutsche Gast, daß ihm aus einer anderen Flasche als Chruschtschow eingeschenkt werden sollte und sagte zur Überraschung des Gastgebers: »Entweder wir trinken beide aus der gleichen Flasche oder ich trinke nichts mehr!« Adenauer verließ Moskau mit der (später eingehaltenen) Zusicherung, daß die Kriegsgefangenen zurückkehren durften.

Zeit seines Lebens brachte Adenauer für die Ideologie des Kommunismus keinen Funken Verständnis auf. In

Moskau vertraute er in entspannter Atmosphäre dem stellvertretenden Ministerpräsidenten Mikojan an, daß er »Das Kapital« des Rheinländers Karl Marx einfach nicht begriffen habe. Und Mikojan erwiderte: »Ich habe es auch erst nach dem zweiten Lesen verstanden!«
Einem Journalisten erklärte er später das Geheimnis einer »erfolgreichen Politik«: »Dat is janz einfach: Wenn die andern zu schlau sind, dann dürfen Se selbst nich zu dumm sein, und wenn die andern dumm sind, dann dürfen Se natürlich nich zu schlau sein!«
Dabei galt »der Alte«, wie er in Bonn bald genannt wurde, selbst als besonders schlau, nicht zuletzt, weil er gelegentlich seinen Willen mit höchst undurchsichtigen Tricks durchsetzte. So pflegte er manchmal in kitzligen Situationen plötzlich eine »Depesche« aus seiner Tasche zu zaubern, deren Inhalt seinen Standpunkt unwiderlegbar stützte. Einmal verlas er in einer Kabinettssitzung eine Depesche, die er »soeben von unserem Botschafter in Washington« erhalten hätte und deren Inhalt die Minister bewog, sich einstimmig seiner Meinung anzuschließen. Nach der Sitzung jedoch sagte Minister Strauß zu ihm: »Herr Bundeskanzler, ich habe Ihnen zufällig über die Schulter geschaut, die Depesche, die Sie da aus der Tasche zogen, war eine Hotel-Speisekarte!« Ungerührt meinte Adenauer: »Dat sieht Ihnen ähnlich, Herr Strauß, dat Se bei mir kiebitzen!«
Als der Verteidigungsminister Franz Josef Strauß über die »Spiegel«-Affäre stürzte, wurde sein Nachfolger Kai-Uwe von Hassel. Mit ihm bekamen bald einige CDU-Politiker Schwierigkeiten und beschwerten sich beim Kanzler. »Dat

is typisch«, meinte Adenauer, »erst habe ich den Ärger mit dem Strauß jehabt, dann hole ich mir den Ministerpräsidenten aus Schleswig-Holstein, den Herrn von Hassel, der ja nichts von dem Ressort verstehen konnte, und wat macht der Mann? Der fängt gleich an zu arbeiten!«

1962 gab es im Kanzleramt Koalitionsgespräche mit der FDP, zu deren Verhandlungsdelegation auch der bayerische Abgeordnete Josef Ertl gehörte, der spätere Bundesminister für Ernährung, Landwirtschaft und Forsten. Es ging um die ersten Marktforderungen der Europäischen Wirtschaftsgemeinschaft, vor allem um landwirtschaftliche Fragen. Adenauer verstand wenig davon, Ertl um so mehr. Schließlich sagte der Kanzler ärgerlich zu Ertl: »Junger Mann, Se wissen mir zu viel! Damit kann man keine Politik machen!«

Einer der einsamen Entschlüsse des »Alten« war 1959 seine Überlegung, Bundespräsident zu werden, was er allerdings später, als er sah, daß Ludwig Erhard sein Nachfolger als Kanzler werden würde, wieder aufgab. Aber erst einmal wollte er, die meisten seiner Parteifreunde dagegen eher nicht, insbesondere die bayerische CSU war gegen eine Präsidentenkandidatur Adenauers. Während einer Diskussion mit der CSU-Fraktion stand der Abgeordnete Heinrich Aigner auf und rief empört: »Herr Bundeskanzler, mir san net bloß hier, um ja und amen zu sagen!« – »Dat is auch jar nit nötig«, antwortete Adenauer, »Se brauchen nur ja zu sagen, dat jenügt!«

Adenauer wurde von einem Rundfunkreporter interviewt, der ihn als erstes fragte: »Herr Bundeskanzler, Sie sehen blendend aus. Aber wie geht es Ihnen wirklich?« Verschmitzt blinzelte ihm Adenauer zu und antwortete ins Mikrophon: »Wissen Se, ich bin ne ehrliche Mensch, wenn ich jut aussehe, dann jeht es mir auch jut!«

Nach einer Fraktionssitzung wandte sich Adenauer an einen Abgeordneten: »Ihnen muß ich noch einen Brief schreiben. Wat Se da jestern über die politische Union jesagt haben, stimmt nämlich nicht!« – »Selbstverständlich stimmt es, Herr Bundeskanzler«, erwiderte dieser. »Aber schreiben Sie mir nur, immerhin werden Ihre Briefe an der Autogrammbörse schon mit 150 Mark gehandelt.« Worauf der daneben stehende Außenminister Heinrich von Brentano sagte: »Mein Gott, Herr Bundeskanzler, wenn ich all die Briefe, die Sie mir in den letzten zehn oder fünfzehn Jahren geschrieben haben, verkaufen würde, dann wäre ich bereits ein reicher Mann.« Darauf Adenauer: »Dann jebe ich Ihnen nen juten Rat: Verkaufen Se nich. Die Preise jehn noch janz schön rauf!«

Adenauer – er wurde immerhin einundneunzig Jahre alt – hatte eine Erkältung und deshalb mehrere Tage sein Rhöndorfer Haus nicht verlassen. Da rief ein englischer Journalist an und erkundigte sich nach seinem Befinden, und ob er gar ernstlich krank sei. »Sagen Se dem Pressemann«, meinte der Patient zu seiner Sekretärin, »nachdem er schon öfter von mir janz wertvolle Tips bekommen hat, im Vertrauen jesagt: Ich bin schon seit zwei Tagen tot, aber dat soll niemand erfahren!«

*... von den besten Köpfen der Nation*

## Jeanne Antoinette Poisson, Marquise de Pompadour

*Paris 29. 12. 1721 – Versailles 15. 4. 1764*

Als Madame Pompadour, persönlich und politisch einflußreiche Mätresse des französischen Königs Ludwig XV., ging sie in die Geschichte, mehr aber noch in die Klatschspalten der historischen Literatur ein. Sie war zweifellos eine ungewöhnlich gebildete Frau und dazu eine faszinierend schöne Erscheinung. Nur einen für die damalige Zeit unverzeihlichen Fehler hatte sie: Ihr Vater, ein gewisser Monsieur Poisson, von Beruf Lebensmittelhändler, hatte das Pech gehabt, wegen Unterschlagungen gehängt zu werden. Und auch ihre Mutter, Madame Poisson, Tochter eines Monsieur de la Motte, war durch ihren galanten Lebenswandel stadtbekannt geworden. Als die spätere Madame Pompadour geboren wurde, hatte ihre Mutter gerade ein festes Liebesverhältnis mit Monsieur Lenormant de Tournehem, der sich am Entstehen der kleinen Poisson stark beteiligt fühlte und deshalb auch für eine sorgfältige und umfassende Erziehung des jungen Mädchens aufkam.

Mit neunzehn Jahren heiratete Jeanne Antoinette Poisson einen Monsieur Lenormant d'Étioles, einen Neffen des Monsieur Lenormant de Tournehem, der von seinem Onkel die Hälfte aller seiner Güter erhielt und die Aussicht auf den Rest bei dessen Hinscheiden. Damit war sie zur Dame der Gesellschaft aufgestiegen, in deren Haus unter anderen Fontenelle und Voltaire verkehrten. Dank ihres Aussehens und dem Geld ihres Mannes und seiner gesellschaftlichen Position wäre es ihr nun ein leichtes gewesen, ein ähnliches Leben wie ihre Mutter zu führen, zumal sie ihren kleinen und häßlichen Gatten nicht liebte. Aber sie wußte, was sie wollte, und sie sagte es auch: »Es gibt niemanden auf der Welt, der mich dazu bringen könnte, meinem Manne untreu zu werden – außer der König selbst.«

Glaubt man den Zeitgenossen, so besaß sie für dieses Vorhaben die besten Voraussetzungen. »Das Gesamtbild ihrer Person schien auf der Grenze zwischen der letzten Stufe der Eleganz und der ersten des Adels zu stehen«, behauptete der Oberjagdmeister des Königs, Leroy. Und Präsident Hénault schwärmte in einem Brief: »Ich traf bei Hofe eine der hübschesten Frauen, die ich jemals gesehen habe, es ist Madame d'Étioles.«

Diese legte es fast systematisch darauf an, dem König zu begegnen, seine Aufmerksamkeit zu erregen, um eines Tages seine Gunst zu erhalten. Anfangs wußte dies die Herzogin von Châteauroux, die damalige Mätresse Ludwigs XV., zu verhindern. Als die Herzogin von Chevreuse einmal mit dem König über »la petit d'Étioles« sprach, trat ihr Madame de Châteauroux unauffällig, aber so heftig mit dem Absatz auf den Fuß, daß Madame de Chevreuse davon unpäßlich wurde.

Doch 1745 begegnete die d'Étioles erneut dem König auf einem großen Maskenball, der anläßlich der Vermählung des Dauphins mit der Infantin von Spanien, Maria Theresia, gegeben wurde. Als charmante Maske kokettierte sie mit dem König, der schließlich so in sie drang, daß sie kurz die Maske lüftete, um sich ihm wieder zu entwinden. Dabei ließ sie – wie aus Versehen – ihr Taschentuch fallen, das der König aufhob und ihr nachwarf. Die Episode war nicht unbemerkt geblieben, und nun hieß es: »Das Schnupftuch ist geworfen!«

Kaum zwei Monate später war sie die Geliebte des Königs. Als Monsieur d'Étioles von einer Reise aus der Provinz heimkehrte, fand er seine geliebte Ehefrau nicht mehr vor. Vielmehr ließ sie ihm ausrichten, sie habe einer leidenschaftlichen Neigung nicht länger widerstehen können, und er möge sich mit dem Gedanken der Trennung von ihr vertraut machen. Darauf fiel Monsieur d'Étioles in Ohnmacht. Doch es half ihm nichts. Er mußte nicht nur auf seine Gattin verzichten, sondern überdies auch Paris verlassen.

Obwohl Ludwig XV. Madame d'Étioles zur Marquise de Pompadour machte, waren der Hof und der Pariser Adel über diesen »unstandesgemäßen Ehebruch« des Königs empört, nachdem er sie am 22. April 1745 als offizielle Mätresse einführen und vorstellen ließ. Die Folge waren Mißgunst, Intrigen und so weiter, aber auch anonyme Flugblätter und Schmählieder, sogenannte »Poissonaden«. Jahre später wurde der Pont d'Orléans eingeweiht, den der Ingenieur Hugot konstruiert hatte. Noch während des Baues der Brücke hatte es viele Diskussionen gegeben, ob die Konstruktion stabil genug für die Anforderungen des Verkehrs sei. Als eines Tages Madame Pompadour über die Brücke fuhr, meinte ein Witzbold: »Heute wurde Hugot gerechtfertigt: Die Brücke hat das schwerste Gewicht tragen müssen, das

Frankreich belastet, und ist dennoch nicht zusammengebrochen.«
Auch als sie sich durch eine geschickte Politik die Anerkennung, wenn auch nicht immer die Verehrung der wichtigen Persönlichkeiten des Hofes erworben hatte, gab ihre Existenz immer noch genügend Anlaß zu Spott. Bei einem offiziellen Empfang reichte der Marschall von Sachsen der Pompadour den Arm, und einer der Höflinge meinte: »Des Königs Schwert und seine Scheide!«
Später sagte der Dichter Diderot über die Pompadour: »Was wird schon von ihr übrigbleiben? Eine Handvoll Asche und ein Pastell von de Latour!«

## Charles Louis de Secondat, Baron de la Brède et de Montesquieu

*Château la Brède/Bordeaux 18. 1. 1689 bis Paris 10. 2. 1755*

Als Philosoph, Schriftsteller, Parlamentsrat und Senatspräsident verband Montesquieu Theorie, Phantasie und Praxis. Er war einer der bedeutendsten Staatsphilosophen und Gegner des Absolutismus Ludwigs XIV., dessen Gedanken die Theoretiker der Französischen Revolution maßgeblich beeinflußten. Als typischer Steinbock suchte er die philosophische Grundlage für eine praktikable, demokratische Ordnung des Gemeinwesens und orientierte sein Denken an der Wirklichkeit. Einer vornehmen Dame sagte er einmal: »Madame, Sie verkürzen, um Philosophie zu studieren, sich den Schlaf. Aber Sie sollten Philosophie studieren, um besser schlafen zu können!«

Montesquieu war bei Freunden eingeladen. Als man sich an die reich gedeckte und verführerisch duftende Tafel setzte, rief er begeistert: »Das Essen ist einer der vier Gründe des Daseins, über dem man die anderen drei vergessen kann!«

1716 wurde Montesquieu für zehn Jahre Parlamentspräsident des Gerichtshofes von Bordeaux. Dort hatte er einst einen Wortwechsel mit einem Parlamentsrat, der schließlich erregt ausrief: »Wenn sich das alles so verhält, wie Sie behaupten, dann gebe ich Ihnen meinen Kopf!« Trocken erwiderte Montesquieu: »Und ich nehme ihn gern an. Kleine Geschenke erhalten die Freundschaft.«

Auf einer Gesellschaft begegnete Montesquieu einer geschwätzigen Dame, die ununterbrochen auf ihn einredete und schließlich den Philosophen fragte: »Und können Sie mir sagen, worin das Glück besteht?« – »Madame«, sagte er, »wer das Unglück hat, neben Ihnen zu sitzen, für den besteht das Glück darin, taub zu sein.«

Nach mehreren längeren Disputen hatte sich Montesquieu mit dem Jesuiten Tournemine endgültig zerstritten. Wenn danach einmal die Rede auf Tournemine und seine Dispute mit ihm kam, pflegte Montesquieu zu sagen: »Hört weder auf Tournemine noch auf das, was ich sage, denn wir haben aufgehört, Freunde zu sein.«

Unter der Regierung Ludwigs des Heiligen durften Neuvermählte die ersten drei Tage ihrer Ehe nur dann zusammen schlafen, wenn sie sich zuvor die Erlaubnis dazu von der Kirche erkauft hatten. »Es ist sehr gescheit«, spottete

Montesquieu, »sich etwas für die ersten drei Nächte geben zu lassen – für die späteren Nächte würde man ja nicht mehr viel bekommen!«
Sein klarer Geist und sein pointierter Witz begeisterten auch Papst Benedikt XV., als Montesquieu ihn in Rom besuchte. In seiner Verehrung für den Philosophen gestand er diesem das Recht zu, auch in der Fastenzeit Fleisch zu essen. Nach der Audienz wollte man Montesquieu das entsprechende Dokument hierfür überreichen, für das er die übliche Taxe zu entrichten gehabt hätte. Doch er winkte ab: »O nein, der Papst ist ein ehrenwerter Mann, sein Wort genügt mir!«
Montesquieu lag auf dem Sterbelager und empfing einen Geistlichen, der ihm die Tröstungen der Kirche brachte. »Sehen Sie nur, wie groß Gott ist«, sagte er, und Montesquieu flüsterte: ». . . und wie klein der Mensch!«

## Sir Isaac Newton

*Woolsthorpe 4. 1. 1643 – Kensington 31. 3. 1727*

Der berühmte englische Physiker war der Begründer der klassischen Mechanik, für die er drei Grundgesetze, bekannt als »Newtonsche Axiome«, aufstellte. Ebenso fand er das Gravitationsgesetz heraus, nach dem sich die Bewegung der Planeten um die Sonne erklären läßt, und die Zusammensetzung des Sonnenlichts aus den Spektralfarben. Die nach ihm benannten »Newtonschen Ringe« entstehen durch die unterschiedliche Brechung des Lichts auf durchsichtigen Stoffen. Weniger Glück hatte der vielseitige Naturforscher bei seinen Versuchen der Wettervorhersage. Bei einer Wanderung über Salisbury-Plain begegnete ihm einst ein Schäfer, der ihm zurief: »Eilen Sie, Sir, es wird bald regnen.« Newton blickte hinauf zum Himmel, wo er kein Wölkchen entdecken konnte, und ging kopfschüttelnd ob dieses Unsinns weiter. Doch kaum eine Stunde später wurde er eines Besseren belehrt, denn es begann in Strömen zu regnen, und er mußte eilig zurückgehen. Völlig durchnäßt kam er wieder bei dem Schäfer vorbei und blieb stehen: »Hier haben Sie eine Guinee! Aber verraten Sie mir, woher wußten Sie bereits vorhin, da der Himmel noch strahlend blau war, daß es regnen würde?« Der Schäfer steckte das Geldstück ein und gab bereitwillig Auskunft: »Sehen Sie, Sir, ich merke das an meinen Schafen. Noch bevor sich die ersten Regenwolken zusammenziehen, beginnen jener schwarze Hammel da und noch ein paar andere gescheite gegen den Wind zu rupfen. Das ist ein sicheres Zeichen.« Ärgerlich sagte der Gelehrte: »So ist dein Hammel also gescheiter als der große Isaac Newton?« – »Allerdings«, lachte der Schäfer. Darauf Newton ärgerlich: »Dann soll dich und deine Schafe der Geier holen!«

Newton war, wie es auch bei anderen großen Geistern vorgekommen sein soll, als Knabe ein ausgesprochen schlechter Schüler. Seine Leistungen waren so miserabel, daß seine Mutter ihn von der Schule nehmen wollte und darauf drang, daß er Bauer würde. Dann geschah es eines Tages, daß ein grober Klassenkamerad ihm heimtückisch in den Bauch trat. Diese Bosheit erregte den schmächtigen

Isaac so sehr, daß er den ihm körperlich weit überlegenen Mitschüler fürchterlich verprügelte. Von diesem Tag an war sein Ehrgeiz entfacht, und er trachtete von nun an, allen seinen Rivalen nicht nur körperlich, sondern besonders im Geistigen überlegen zu sein. Er überwand seine Faulheit und begann erfolgreich zu lernen. Später behauptete er: »Ohne diesen Fußtritt wäre ich nie nach Cambridge gekommen!«

Zur Verwunderung seiner Freunde war Newton gegenüber seinem Hund Diamant sehr nachsichtig, auch wenn er ihn oft bei der Arbeit störte. »Lassen Sie ihn nur«, sagte er bisweilen, wenn Gäste sich darüber wunderten, »er ist so ein rührendes Wesen.« Eines Tages hatte das »rührende Wesen« in Abwesenheit des Hausherrn auf dessen Schreibtisch ein fertiges Manuskript gefunden und es bis zur Unkenntlichkeit zernagt und zerrissen. Als Sir Isaac zurückkehrte, fürchtete der Diener einen leidenschaftlichen Zornesausbruch seines Herrn, wußte er doch, daß der Hund die Arbeit vieler Jahre vernichtet hatte. Aber Newton fragte nur ruhig: »Das hat Diamant getan?« Und nachdenklich fuhr er fort: »Diese Begebenheit kann zwei Gründe haben: Einmal kann Diamant so gehandelt haben, wie es seiner aufrichtigen Natur entsprach, verletzt durch die Kränkung, daß ich ungerechterweise die Katze ihm vorgezogen habe. Andererseits kann er das Werkzeug eines höheren Willens gewesen sein, weil die Arbeit unzulänglich war. Ich werde sie also noch einmal beginnen.«

Wie viele große Gelehrte war Newton sehr zerstreut; es dürfte allerdings übertrieben sein, wenn von ihm behauptet wird, er habe einmal den Zeigefinger einer Dame, deren Hand er hielt, in seiner Zerstreutheit als Pfeifenstopfer verwendet oder vielleicht auch nur verwenden wollen. Immerhin ließ er, als seine Katze Junge geworfen hatte, einen Schreiner kommen; er sollte in die Tür neben dem großen Loch für die Katze ein kleines für die Jungen einschneiden.

Einmal besuchte ein Freund Newton. Der Diener führte ihn in ein Zimmer, bedauerte aber, sein Herr sei in seinem Studierzimmer, und da dürfe er ihn nicht stören. Er solle sich nur daher setzen und ein wenig gedulden. Der Freund wartete eine Weile, und es wurde Mittag. Man brachte eine Schüssel mit Essen und stellte sie auf den Tisch. Dem Freund knurrte der Magen, und nachdem er wiederum eine Weile gewartet hatte, begann er die Schüssel leerzuessen, läutete aber dann dem Diener und hieß ihn, eine neue Schüssel für Newton zu bringen. Bevor der Diener zurückkehren konnte, öffnete sich die Tür, und Sir Isaac trat ein und begrüßte den Freund. »Ich will nur ein wenig essen, ehe wir miteinander plaudern«, sagte er und hob den Deckel von der leergegessenen Schüssel. »Nein, wie zerstreut ich heute wieder bin«, rief er lachend. »Jetzt habe ich nicht bemerkt, daß ich mein Mittagessen bereits gegessen habe!«

An einem Winterabend saß Newton lesend am Kamin, und da es sehr kalt war, zog er den Stuhl ganz nahe ans Feuer. Dieses war gerade erst entzündet worden und wurde nach einer Weile immer größer und wärmer. Ärgerlich läutete er nach dem Diener und schalt diesen: »Deck gefälligst das Feuer ein wenig zu, oder soll ich hier verbrennen?« – »Aber Euer Ehren könnten auch den Sessel ein wenig vom Kamin wegrücken«, meinte dieser. Da lachte Sir Isaac: »Ja, gewiß doch! Daran hatte ich gar nicht gedacht.«

## BENJAMIN FRANKLIN

*Boston 17. 1. 1706 – Philadelphia 17. 4. 1790*

Der amerikanische Politiker, Schriftsteller und Physiker – er war der Erfinder des Blitzableiters – war ein vielseitiger Mann und ursprünglich Buchdrucker. Er unterzeichnete die amerikanische Unabhängigkeitserklärung und war zwischen 1776 und 1785 Gesandter in Paris. In seinen Schriften und in seiner posthum 1791 erschienenen Autobiographie vertrat er die Grundsätze eines gemäßigten Puritanismus. In Sachen Moral dachte er aber vor allem auch praktisch. So begründete Franklin einmal seine Ablehnung der Ehelosigkeit: »Ein Junggeselle ist wie der Arm einer Schere, der so lange nutzlos ist, bis er den anderen Arm gefunden hat.«

Einem jungen Freund, dem Franklin lange Zeit vergeblich geraten hatte, sich durch Heirat nur mehr an eine Frau zu binden, gab er schließlich – falls er endgültig auf seinem Junggesellentum beharren wolle – den Rat, bei seinen Liebeshändeln alte Frauen den jungen vorzuziehen. Dafür führte er acht Gründe an:

»1. Weil sie mehr Weltkenntnis besitzen und weil ihr Geist an Erfahrung reicher, weil ihre Unterhaltung nutzbringender und auf die Dauer angenehmer ist.

2. Weil sie, wenn sie aufhören, hübsch zu sein, sich befleißigen, gut zu sein. Um ihren Einfluß auf den Mann nicht zu verlieren, ersetzen sie das Weniger an Schönheit durch ein Mehr an Nützlichkeit. Sie lernen es, tausend Dinge – sowohl große wie kleine – zu erweisen, und sind die zartfühlendsten und nützlichsten aller Freunde, wenn Sie krank sind. So fahren sie fort, liebenswert zu sein. Und daher findet sich so selten eine alte Frau, die nicht eine gute Frau wäre.
3. Weil keine Gefahr besteht, daß Kinder kommen, die, nicht regulär erzeugt, große Unannehmlichkeiten im Gefolge haben können.
4. Weil sie größere Erfahrung besitzen und daher klüger und vorsichtiger verfahren, wenn es sich bei einem Liebesverhältnis darum handelt, jeden Verdacht zu vermeiden. Der Verkehr mit ihnen ist daher sicherer mit Rücksicht auf Ihren Ruf. Und was ihren Ruf angeht, so könnten verständige Menschen, falls die Sache doch ruchbar werden sollte, wohl geneigt sein, eine alte Frau zu entschuldigen, die sich eines jungen Menschen freundlich angenommen, seinen Charakter durch ihre guten Ratschläge gebildet und verhindert hat, daß er seine Gesundheit und sein Vermögen bei käuflichen Prostituierten zusetzt.
5. Weil bei jedem Lebewesen, das aufrecht geht, der Mangel an Säften, die die Muskeln füllen, zuerst im höchstgelegenen Teil seines Körpers sichtbar wird. Das Gesicht wird zuerst schlaff und runzelig, dann der Hals, dann die Brust und die Arme. Die niederen Teile bleiben bis zuletzt so drall wie nur je; wenn man daher den ganzen Oberkörper mit einem Korb bedeckt und da nur das be-

trachtet, was sich unterhalb des Gürtels befindet, so ist es unmöglich, eine alte Frau von einer jungen zu unterscheiden. Und da in der Nacht alle Katzen grau sind, ist das Vergnügen des körperlichen Genusses bei einer alten Frau mindestens ebenso groß und häufig gar noch größer; ist doch jede Fertigkeit durch Übung verbesserungsfähig.

6. Weil die Sünde kleiner ist. Die Verführung einer Jungfrau kann ihr Ruin sein und sie ihr ganzes Leben unglücklich machen.

7. Weil die Gewissensbisse nicht so groß sind. Das Bewußtsein, ein junges Mädchen unglücklich gemacht zu haben, kann oft zu bitteren Betrachtungen Anlaß geben; doch nichts dergleichen ist zu befürchten, wenn man eine alte Frau glücklich gemacht hat.

8. Und letztens: Sie sind so dankbar!«

Schon als Kind hatte Franklin einen Sinn für Organisation und für alles, was praktisch war. Die Tischgebete des Vaters bei jedem Essen vor der Mahlzeit und nach der Mahlzeit fand er langweilig. Und als eines Tages die Vorräte für den Winter besorgt und sorgfältig im Keller eingelagert waren, fragte er den Vater: »Könntest du nicht jetzt den Segen über alle Speisen auf einmal sprechen, dann könnten wir uns viel Zeit beim Essen ersparen.«

»Um den Wert des Geldes zu erkennen«, sagte Franklin, »muß man nur versuchen, sich welches auszuborgen.« Und ein anderes Mal warnte er: »Wer sein Geld und seine Frau zu sehr und zu oft herzeigt, der darf sich nicht wundern, wenn man das eine oder andere bei ihm ausleiht.«

Neben George Washington, dem militärischen Führer im Unabhängigkeitskrieg (1775–1783) und ersten Präsidenten der USA (1789), verdanken die Vereinigten Staaten ihre »Geburt« nicht zuletzt auch Benjamin Franklin. 1776 war er Mitunterzeichner der amerikanischen Unabhängigkeitserklärung und ging im gleichen Jahr als diplomatischer Vertreter des noch kolonialen Amerika nach Frankreich, das auf sein Betreiben hin 1777 einen Allianzvertrag mit den Kolonialstaaten abschloß. Er richtete sich gegen England, und später traten ihm Holland und Spanien bei. Während seiner Pariser Mission bemühte sich Franklin auch im übrigen Europa darum, Unterstützung für die Lösung Amerikas vom englischen Mutterland zu finden. So meldeten sich bald zahlreiche Männer, um auf der Seite der Kolonialstaaten im amerikanischen Unabhängigkeitskrieg zu kämpfen. Es waren natürlich nicht immer die geeigneten Leute, denn mancher Verbrecher versuchte auf diese Weise der Verfolgung durch die Justiz seines europäischen Mutterlandes zu entkommen. Jedes Gesuch wurde genau geprüft. In einem, das Franklin erhielt, machte der Antragsteller ausdrücklich auf seine Herkunft aufmerksam und schrieb, daß er dem deutschen Hochadel entstamme. Franklin antwortete ihm: »Machen Sie sich über diesen Punkt keine weiteren Gedanken, bei uns werden Sie dadurch keine Nachteile haben.«

Franklin reiste auch zum König von Preußen mit der Bitte um militärische Hilfe. »Was werden Sie mit all den Hilfskräften, die Sie anwerben, in Amerika anfangen?« fragte dieser. »Die Freiheit erobern, Majestät, jene Freiheit, die das natürliche Recht jedes Menschen ist!« Doch der Preußenkönig erteilte ihm eine Absage: »Ich bin König geworden, weil ich einer königlichen Familie entstamme. Ich bin geboren worden, um zu herrschen – das Volk, um zu gehorchen. Ich kann meine Herrschermacht nicht dazu mißbrauchen, diese Ordnung umzustoßen.«

Zusammen mit dem englischen Botschafter war Franklin bei dem französischen Minister Vergennes zu Tisch geladen. Da brachte der Engländer einen Toast aus: »Auf George III., der wie die Mittagssonne sein Licht verbreitet und die Welt erleuchtet!« Auch der Franzose brachte einen Toast aus: »Ich trinke auf Seine Majestät Ludwig XVI., der mildtätig wie der Mond die ganze Erde bestrahlt.« Franklin stand nicht zurück und sagte: »Ich erhebe mein Glas auf George Washington, den siegreichen General der amerikanischen Armeen, der wie Josua Sonne und Mond befahl, stillzustehen – und beide gehorchten.«

Der englische Historiker Edward Gibbon übersandte Franklin seine »Geschichte vom Aufstieg und Fall des Römischen Weltreiches«. Franklin schrieb ihm zurück: »Ich werde mich bei Ihnen dadurch bedanken, daß ich Ihnen Material über den Niedergang des britischen Reiches in Amerika übersende.«

Schon über siebzig Jahre alt, hatte sich der Amerikaner in Paris heftig in die hübsche Tochter eines französischen Grafen, Mademoiselle de Passy, verliebt. Eines Tages erfuhr er, daß sie den Grafen de Tonnerre heiraten werde. »Sehen Sie«, sagte er zu einem Freund, »da habe ich nun den Blitzableiter erfunden und konnte Tonnerre doch nicht davon abhalten, bei Mademoiselle Passy einzuschlagen.«

Benjamin Franklin kehrte 1785 nach Amerika zurück und war maßgeblich an der Entstehung der Verfassung der

Vereinigten Staaten beteiligt, die am 17. September 1787 vom Konvent in Philadelphia verabschiedet wurde. Damals schrieb er an Leroy von der Académie des Sciences: »Unsere neue Verfassung wurde jetzt vollendet, und alles scheint darauf hinzuweisen, daß sie dauerhaft sein wird. Obgleich auf Erden nichts gewiß ist als der Tod und die Steuern.«

Die Verfassung trat 1789 in Kraft, ein Jahr vor dem Tod Benjamin Franklins, der vierundachtzig Jahre alt wurde. Als man ihn einmal fragte, was er von den Problemen der Metaphysik, beispielsweise von der Unsterblichkeit der Seele halte, antwortete er: »Ich habe die Metaphysik und ihre Probleme nie studiert, kann also dazu nichts sagen. Mich in meinem Alter noch damit zu beschäftigen, halte ich für überflüssig, denn bald werde ich alles wissen, ohne es studiert zu haben.«

## Albert Schweitzer

*Kaysersberg 14. 1. 1875 – Lambarene 4. 9. 1965*

Der Elsässer Schweitzer war zuerst evangelischer Pfarrer in Straßburg und studierte dann als Professor der Theologie Medizin. 1913 gründete er in Lambarene (Gabun) ein Urwaldhospital, besonders zur Bekämpfung von Lepra und Schlafkrankheit. Das Geld für den Unterhalt von Lambarene kam teils aus Spenden, teils aus den Honoraren, die er selbst für seine Vorträge und Orgelkonzerte in Europa und Amerika erhielt. Mehr noch als seine religiöshumanistische Kulturphilosophie verschaffte ihm sein Leben – als Vorbild und Tat – Weltgeltung, das ihm neben vielen anderen Auszeichnungen 1952 den Friedensnobelpreis eintrug. Ein Schlüsselerlebnis für die Prinzipien seiner Ethik sah er selbst in einer frühen Begegnung: Durch sein Heimatdorf kam zuweilen ein Jude mit seinem Eselskarren, jedesmal gefolgt von der Dorfjugend, die, ihn verspottend, »Mausche! Mausche!« hinterherrief. Auch der junge Albert Schweitzer fühlte sich eines Tages groß und stark genug, mit den anderen Bauernbuben hinter ihm herzulaufen und sich lauthals über ihn lustig zu machen. »Mausche aber«, so berichtete Schweitzer, »ging gelassen fürbaß wie sein Esel. Nur manchmal drehte er sich um und lächelte verlegen und gütig zu uns zurück. – Dieses Lächeln überwältigte mich. Von Mausche habe ich zum ersten Male gelernt, was es heißt, in Verfolgung stilleschweigen. Er ist ein großer Erzieher für mich geworden. Von da an grüßte ich ihn ehrerbietig. Später, als Gymnasiast, nahm ich die Gewohnheit an, ihm die Hand zu geben und ein Stückchen Wegs mit ihm zu gehen. Aber nie hat er erfahren, was er für mich bedeutete.«

Der »Urwalddoktor«, wie der Mann mit dem großen Schnauzbart und der bald weißen Mähne genannt wurde, und seine Mitarbeiter lebten in Lambarene anspruchslos, gelegentlich entbehrungsreich und in primitiven Verhältnissen. Die Ereignisse wurden durch den Alltag diktiert, aber man nahm auch gern jede Gelegenheit zu einem »Fest« wahr. Ein solches war etwa der Tag, als der Schimpanse Julot in seine neue Hütte, die man ihm gebaut hatte, einzog. In einem zeremoniellen Festzug begleiteten ihn weiße wie schwarze Mitarbeiter, und für Julot selbst gab es reichlich Bananen. Auch Schweitzer nahm an dergleichen »Festen«, die die Arbeit angenehm unterbrachen, oft teil. »Gerade die einfachen Sätze des Lebens«, sagte er, »muß man mit einem Punkt versehen – um so besser, wenn es ein Höhepunkt ist.«

Man diskutierte über soziale Probleme der Eingeborenen, aber auch über die Vielweiberei, die bei einigen Stämmen Afrikas üblich war. Dazu meinte ein Missionar: »Man muß sie lehren, die Freuden des Himmels denen auf Erden vorzuziehen.« Schweitzer wiegte den Kopf: »Sind Sie denn sicher, mein Lieber, daß es tatsächlich eine große Freude ist, viele Frauen zu haben?«

Kurz vor der Regenzeit gab es oft viel zu tun. Da legte auch Schweitzer Hand an, als es einmal galt, das Bauholz noch trocken unter Dach und Fach zu bringen. An so einem Tag spazierte ein Schwarzer im weißen Tropenanzug vorbei, der gekommen war, um einen Patienten zu besuchen. »Komm, willst du uns nicht ein wenig helfen?« fragte der Urwalddoktor. »O nein! Ich bin ein Intellektueller; ich habe andere Aufgaben, als hier Holz zu schleppen!« rief der zurück. »Welch ein Glück!« meinte Schweitzer. »Ich wollte auch ein Intellektueller werden. Aber ich glaube, sehr gelungen ist es mir nie.«

Für die Eingeborenen, insbesondere die schwarzen Mitarbeiter, war Dr. Schweitzer eine selbstverständliche Autorität. Eines Tages machte die weiße Mitarbeiterin, die die Aufsicht über die Küche hatte, dem schwarzen Koch Vorwürfe, weil ihrer Meinung nach in den letzten Tagen zu viel Mehl und Zucker verbraucht worden waren. Dieser fühlte sich verdächtigt, die Vorräte gestohlen zu haben, antwortete heftig auf die »Ungerechtigkeit« und ging sogleich, sein Bündel zu schnüren, um das Spital zu verlassen. Das hatte sie natürlich nicht beabsichtigt und kam zu Schweitzer, um ihm das Vorgefallene zu berichten. Schweitzer hörte sich die Geschichte an und ging dann hinaus, wo eben der schwarze Koch mit seinem Bündel aus seiner Unterkunft trat. »Wohin gehst du?« fragte er ihn, und nun hörte er die ganze Geschichte noch einmal aus der Sicht des beleidigten Schwarzen. »Und weil sie denkt, ich bin ein Dieb, gehe ich lieber«, schloß dieser seinen Bericht. Nachdenklich schaute ihn Schweitzer an: »Und wer soll nun an meinem Geburtstag die Zwiebelsuppe kochen?« Da drehte sich der Koch wortlos um, packte seine Sachen aus und war zehn Minuten später wieder in der Küche.

Die Machtübernahme der Nationalsozialisten 1933 in Deutschland betraf Albert Schweitzer weniger als andere bedeutende Vertreter des geistigen und wissenschaftlichen Lebens in Deutschland. Lebte er doch weitab vom aktuellen politischen Weltgeschehen im afrikanischen Urwald. Außerdem hatte er als Elsässer eigentlich zwei Vaterländer: Deutschland und Frankreich. Den NS-Propagandaminister Dr. Goebbels jedoch bewog der intellektuelle Aderlaß Deutschlands durch die vielen prominenten Emigranten zu einem Brief an den »Urwalddoktor«, in dem er ihm eine Heimkehr ins Deutsche Reich durch das Angebot großer und ehrenvoller Positionen schmackhaft zu machen suchte. Unterschrieben hatte er den Brief: »... Mit Deutschem Gruß – Goebbels.« Die Antwort Schweitzers,

eine höfliche Absage, war unterzeichnet: »... Mit zentralafrikanischem Gruß – Albert Schweitzer.«
Eine der vielen Ehrungen, die Schweitzer zuteil wurden, war die Ehrendoktorwürde der Universität von Chicago. Um den Doktorhut in Empfang zu nehmen, reiste er 1949 nach Amerika. Vor den Feierlichkeiten unterrichtete der Präsident der Universität den 74jährigen über das geplante Zeremoniell und erklärte es ihm Punkt für Punkt. Albert Schweitzer hörte aufmerksam zu, um sich alles zu merken. Zuletzt sagte er: »Ich will mein Bestes tun, daß alles so klappt. Aber falls mir doch ein Fehler unterlaufen sollte, bedenken Sie, ich bin halt nur ein afrikanischer Buschmann!«
1951 mußte er nach Frankfurt reisen, um den dortigen Goethepreis aus der Hand des Bundespräsidenten Heuß entgegenzunehmen. Es war just zu der Zeit, da dort auch die alljährliche Buchmesse stattfand. Und da Schweitzers bereits 1931 geschriebene Autobiographie »Aus meinem Leben und Denken« nach dem Krieg ein Bestseller-Erfolg war, mußte der alte Herr mitten im Trubel der Messe seinen zahlreichen Anhängern wieder und wieder ein Exemplar seines Buches handschriftlich widmen.
Geduldig und vom Lärmen und Treiben um ihn herum scheinbar unberührt, malte er immer wieder seinen Namen. Da fragte ihn jemand teilnehmend, ob dieser europäische Zivilisationsurwald für ihn nicht noch bedrückender sei als der wirkliche in Afrika. Nur kurz schaute er den Frager an und meinte dann: »Die Neger und die Affen haben freilich andere Gewohnheiten als die Menschen hier!«

Die Berühmtheit brachte auch Belastungen mit sich, nicht zuletzt einen ständig wachsenden Schriftverkehr, mit dessen Beantwortung Schweitzers Sekretärin Mathilde Kottmann von Jahr zu Jahr mehr ins Hintertreffen geriet. Als 1952 im fernen Lambarene ein Telegramm aus Norwegen eintraf mit der Nachricht, man habe Albert Schweitzer den Friedensnobelpreis zuerkannt, sank sie getroffen in einen Lehnstuhl und stöhnte auf: »Auch das noch!«

Albert Schweitzer, der im 91. Lebensjahr in Afrika starb, war rüstig bis ins hohe Alter. Trotzdem begannen mit der Zeit manche Redaktionen Unterlagen für seinen Nachruf zu sammeln. Einige französische Journalisten wandten sich, als er für einige Wochen in Paris weilte, auch direkt an ihn, um in Interviews Einzelheiten und bestimmte Daten aus seinem Leben zu erfahren, was sie dementsprechend gut honorierten. Bevor Schweitzer nach Lambarene zurückreiste, lud er eines Tages seine Pariser Freunde in ein Nobelrestaurant ein und bestellte für alle ein reichhaltiges Abendessen – ganz gegen seine sonstigen, eher sparsamen Gewohnheiten. Als man beim Mokka angekommen war, schmunzelte er, erhob das Glas und sagte: »Heute abend haben wir meinen Nekrolog verfressen!«

*... von Dichtern*
*und*
*Literaturbeflissenen*

## Jean-Baptiste Poquelin, Molière
*Paris 15. 1. 1622 – Paris 17. 2. 1673*

Der französische Komödiendichter begann als Schauspieler. Mit der Truppe »Béjart«, die sich »L'Illustre Théâtre« nannte, bereiste er fast zwölf Jahre lang die französische Provinz, besonders Südfrankreich. 1661 gründete er ein eigenes Theater im »Palais Royal«, das bald darauf einen hoftheaterähnlichen Status erhielt und zur Kernzelle der »Comédie Française« wurde. Nach gründlicher Kenntnis des Bühnenbetriebes und des Publikumsgeschmacks begann Molière schließlich selbst Komödien, anfangs in der Tradition der italienischen Commedia dell' arte, zu verfassen. Um die Wirksamkeit des Textes zu prüfen, las er ihn immer zuerst seiner alten Magd vor und strich anschließend alle komischen Stellen, an denen sie nicht gelacht hatte.

Ab 1658 erfreute sich Molière der Gunst König Ludwigs XIV., in dessen Auftrag er zahlreiche Komödien schrieb. Von seinen mehr als dreihundert Lustspielen sind zweiunddreißig erhalten. Als literarische Meisterwerke gelten insbesondere seine Charakterkomödien nach klassischen Mustern, wie »Der Misanthrop«, »Der Geizige«, »Tartuffe« und »Der eingebildete Kranke«. Molière selbst verstand von Krankheiten mehr, als ihm lieb sein konnte, vor allem in seinen letzten Lebensjahren. Trotzdem stand er bis zu seinem Tode immer wieder selbst auf der Bühne. Als ihn der Dichter Boileau einmal fragte, warum er bei seiner geschwächten Gesundheit nicht darauf verzichte, antwortete er: »Die Ehre und der Beifall des Publikums, Monsieur, halten mich davon zurück, schon jetzt abzutreten.« – »Eine Ehre nennen Sie das«, ereiferte sich Boileau, »wenn Sie sich als Sganarelle einen Schnurrbart ins Gesicht kleben und sich auf offener Bühne vor dem Publikum mit einem Stock verprügeln lassen? Das nenne ich eine schöne Ehre für einen Philosophen wie Sie, Monsieur Molière!« Da lächelte dieser: »Sie irren, mein Lieber, nicht ich bekomme die Schläge, sondern Sganarelle!«

Von den Ärzten jedoch hielt Molière wenig. Als er einmal in Versailles mit dem König sprach, fragte ihn dieser halb im Spott: »Sie haben einen Hausarzt, Molière? Was machen Sie denn mit dem?« – »Sire, wir plaudern miteinander. Er verschreibt mir auch Arzneien, die lasse ich dann stehen – und werde gesund.«

»Ein Arzt«, sagte Molière, »ist ein Mann, der für Geld so lange unnützes Zeug in einem Krankenzimmer redet, bis entweder die Natur den Patienten wiederhergestellt – oder die Arzneien ihn umgebracht haben.«

Als Molière wieder einmal krank war, rief sein Diener den Arzt und meldete, als er gekommen war: »Der Doktor ist da!« – »Der Doktor?« fragte Molière schwach. »Sag ihm, daß ich krank bin und ihn leider nicht empfangen kann.«

Auf das heftigste verfeindet war Molière mit dem damals sehr berühmten Advokaten Fourcroi, der ebenso gefürchtet war wegen seiner Gewandtheit in Rechtsdingen wie wegen seiner unerschöpflichen Lunge beim Disputieren. Einmal war er anwesend, als Fourcroi mit dem Dichter Boileau mit wenig kräftigen Argumenten, aber mit kräftiger Stimme stritt. »Lassen Sie's doch gut sein«, sagte

Molière schließlich zu Boileau. »Was vermag der Verstand mit einer so feinen Stimme wie der Ihrigen auszurichten gegen einen solchen brüllenden Rachen!«

Einst fuhr Molière von Autenil nach Paris, als sich seinem Wagen ein Bettler näherte und um eine Gabe bat. Der Dichter reichte ihm ein Geldstück und wollte weiterfahren. Doch der Bettler trat noch einmal an das Wagenfenster und rief: »Lieber Herr, Sie haben sich gewiß vergriffen! Sie haben mir ein Goldstück gegeben! Hier, nehmen Sie es zurück.« Überrascht antwortete Molière: »Mein Gott! Seht nur, wo die Tugend ihre Hütten baut! Da, mein Freund, nimm noch eines! Ich habe mich nicht vergriffen.«

Von Molières Komödie »Der Geizige« sagte ein in Paris als sehr sparsam bekannter Edelmann: »Es ist ein sehr gescheites Stück, und man kann nur profitieren, wenn man die gesunden Geschäftsprinzipien anwendet, die darin gezeigt werden.«

In klerikalen Kreisen erregte Molière mit seinen Komödien immer wieder Anstoß, vor allem mit seinem im Mai 1664 uraufgeführten »Tartuffe«. In dieser Figur schuf er den Typ eines Heuchlers, der sich einer christlichen Maske bedient, um seine privaten egoistischen Interessen wahrzunehmen, und zugleich einen Menschen, der sich aus der Leere seines Daseins in die Arme der Religion zu flüchten versucht. Der Erzbischof von Paris, Harlay, setzte das Verbot des Stückes durch; und ein Kritiker behauptete, der Autor sei darin zum »Prediger« geworden. Molière wehrte sich: »Wenn es jedem Pater erlaubt ist, auf der Kanzel Komödie zu spielen, warum soll es da einem

Komödienautor nicht erlaubt sein, auf der Bühne zu predigen?«

Als das Stück nach drei Aufführungen verboten wurde, trat Molière vor den Vorhang und sagte zum Publikum: »Tartuffe wird nicht weiter gegeben, weil der Erzbischof nicht will, daß man *ihn* spielt!«

Kurz nach der »Tartuffe«-Affäre gastierte in Paris eine italienische Commedia-dell'arte-Truppe, die in ihren Stegreifspielen noch weit ärgere blasphemische Witze machte, als sie in Molières verbotenem Lustspiel vorkamen. Beim Prinzen Condé beklagte sich Molière, warum man denn die Italiener nicht ebenso strikt verbiete wie ihn. »Aber mein lieber Molière«, meinte der Prinz, »die Italiener beleidigen ja nur den lieben Gott. Sie aber sind den Menschen selbst, den Frömmlern und Scheinheiligen, auf die Füße getreten!«

So war es kein Wunder, daß sich der Pariser Erzbischof weigerte, als Molière im Februar 1673 starb, den Dichter in geweihter Erde zu begraben. In ihrer Not wandte sich die Witwe an den König selbst, der den Erzbischof zu sich kommen ließ. »Wie tief reicht geweihte Erde?« fragte er ihn. »Ich denke, etwa acht oder neun Fuß, Sire«, antwortete dieser verwundert. »Nun«, entschied Ludwig XIV., »dann wird Molière eben zehn Fuß tief begraben!«

## Franz Grillparzer
*Wien 15. 1. 1791 – Wien 21. 1. 1872*

Der Sohn eines Wiener Hof- und Gerichtsadvokaten studierte ebenfalls Rechts- und Staatswissenschaften, war zeitweise Hauslehrer, Hofmeister beim Grafen Seilern und Bibliothekar. 1813 trat Grillparzer in den Staatsdienst ein, ohne hier jedoch eine sonderliche Karriere zu machen. 1856 wurde er mit dem Titel Hofrat pensioniert. Besondere Ehrungen und Privilegien, wie sie der Kaiser sonst verdienten Poeten zukommen ließ, blieben ihm weitgehend im Leben versagt. Der Grund dafür war eher banal: Nach seiner Italienreise 1819 schrieb er das Gedicht »Die Ruinen des Campo vaccino«, das Anstoß in Hofkreisen erregte, weil man ihn der Gotteslästerung verdächtigte. Zwar konnte Grillparzer diesen Vorwurf entkräften, doch blieb ihm der »Makel«, und er hatte von da an ständig Schwierigkeiten mit der Zensur. Wenn man Kaiser Ferdinand auf Grillparzer ansprach, pflegte er jedesmal abzuwinken und zu sagen: »Wenn er nur die G'schicht mit dem Papst nit g'habt hätt!«
So lag auch sein Drama »König Ottokars Glück und Ende« zwei Jahre lang bei der Zensur, ohne daß man dem Autor einen Bescheid zukommen ließ. Schließlich wurde Grillparzer bei dem zuständigen Zensor selbst vorstellig. »Ich bitt Sie, Herr Hofrat, was haben S' denn Gefährliches darin gefunden?« fragte er. Dieser wiegte bedenklich den Kopf hin und her: »Gefunden hab ich nichts. Aber schaun S', man kann halt nie wissen ...« Seine Verbitterung über

derartige Schikanen schrieb er sich 1828 in einem bissigen Epigramm von der Seele:

»Auszeichnungen hier erwarte nie,
Denn das System verbeut's,
Man hängt das Kreuz nicht ans Genie,
Nein, das Genie ans Kreuz.«

Die ersten beiden Werke Grillparzers, »Die Ahnfrau« und »Sappho«, erschienen 1817. Vier Jahre später notierte der Dichter Lord Byron in Italien in sein Tagebuch: »Las die von Guido Sorelli verfertigte Übersetzung des Deutschen Grillparzer. Sicher ein teuflischer Name für die Nachwelt; aber sie wird lernen müssen, ihn auszusprechen.«

Als die »Sappho« in Wien auf die Bühne kam, spielte die Titelrolle Christine Genast, die als Schönheit auch von Grillparzer verehrt wurde. »Eigentlich«, sagte er ihr, »sind Sie viel zu schön für die Sappho. Wie soll da das Publikum verstehen, daß der Phaon sich in eine andere verliebt?«

Wie sein Zeitgenosse, der in Wien lebende deutsche Komponist Ludwig van Beethoven, blieb Grillparzer bis zu seinem Tode unvermählt. Und er galt nicht nur als Hagestolz, sondern auch als grantiger Frauenhasser. Dem tauben Beethoven, der sich mit seinen Besuchern nur mehr schriftlich unterhalten konnte, schrieb er in sein »Konversationsheft«: »Die Geister unter den Weibern haben keine Leiber und die Leiber keinen Geist!«

Einmal begründete er seine Ehelosigkeit: »Ich hätte schon deshalb nicht heiraten können, weil ich den Gedanken nicht ertragen hätte, daß es einen Menschen gibt, der das

Recht hat, in mein Zimmer zu kommen, ohne anzuklopfen.« Ein anderes Mal meinte er: »Die Frauen sind da, um die Unglücklichen glücklich und die Glücklichen unglücklich zu machen.« Und schließlich: »Dieses Geschlecht ist stark erst, wenn es schwach wird.«

Grillparzers großer Antipode am Wiener Theaterhimmel war der aus Deutschland eingewanderte Dramatiker Friedrich Hebbel, dessen Werk er zwar bewunderte, mit dem er sich selbst jedoch nie befreunden konnte. »Der Hebbel, der ist mir zu gescheit«, erklärte er seine Abneigung. »Sehn Sie, er wirft oft so ein kurioses Thema auf. Da ist er dann imstande und fragt etwa: ›Was ist Gott?‹ Ja – und er weiß es! Ich weiß es aber net, kann net mitreden und sitz da, wie aufs Maul geschlagen.«

Als 1848 die Revolution ausbrach, verfolgte Grillparzer aufmerksam das politische Geschehen und notierte eines Tages skeptisch in sein Tagebuch: »Kann Österreichs Aufgabe wirklich die Aufgabe Österreichs sein?«

Am 2. Dezember 1848 dankte Kaiser Ferdinand I. zugunsten seines Neffen Franz Joseph ab. Damit hatte der mit achtzehn Jahren noch sehr junge Kaiser ein schweres Erbe übernommen. Einmal bemühte er sich nun um die Einheit der immer nationalbewußter werdenden Völker in der Monarchie, zum anderen waren auch innenpolitische Reformen notwendig. Diese jedoch enttäuschten Grillparzer, und 1852 schrieb er:

»Warum bin ich nicht ein Bauer,
Warum bin ich nicht ein Jud!
Es käme von Österreichs Reformen
Mir wenigstens etwas zugut!«

In einer Beziehung kam ihm dann doch – wenn auch sehr spät – der Wechsel auf dem Kaiserthron zugute: Wenige Jahre vor seinem Tod wurde er ins Herrenhaus berufen. Dort hatte er die Ehre, inmitten der Hocharistokratie über politische Fragen, von denen er nur wenig verstand, zu entscheiden. Freunde fragten ihn, ob er denn mit dem Adel immer einer Meinung sein könne und wie er sich bei Abstimmungen verhalte. »Das ist ganz einfach«, erklärte er, »immer wenn der Fürst Windischgrätz aufsteht, bleibe ich sitzen. Und wenn er sitzen bleibt, stehe ich auf.«

1945, 124 Jahre, nachdem Lord Byron der Nachwelt den schwierigen Namen »Grillparzer« ans Herz gelegt hatte, sollte die russische Besatzungsmacht in Wien noch darüber stolpern. Als kurz nach dem Krieg ein Grillparzer-Stück im Österreichischen Rundfunk gesendet werden sollte, fragte die sowjetische Zensurbehörde beim zuständigen Abteilungsleiter des Senders an: »Wo ist die Bestätigung, daß Franz Grillparzer nicht Mitglied der NSDAP war?« Dieser antwortete auf dem Dienstweg: »Die Vorlage der Bestätigung erübrigt sich, da der Hörspielautor Franz Grillparzer vor Gründung der NSDAP verschieden ist.«

## Joseph Rudyard Kipling
*Bombay 30. 12. 1865 – London 18. 1. 1936*

Indien, das Land seiner Geburt, war der bevorzugte Schauplatz der Kurzgeschichten, Erzählungen und Romane des englischen Dichters. Kiplings Vater war Kunst-Professor in Bombay und ließ seinen Sohn in England erziehen. Doch als junger Journalist und auf vielen späteren Reisen kehrte Kipling immer wieder in die englische Kolonie zurück. Seine literarischen Werke machten Kipling früh berühmt, insbesondere »Das Dschungelbuch« (1894) und »Kim« (1901). Bereits mit einundvierzig Jahren erhielt er den Nobelpreis für Literatur, was nicht zuletzt auch den Marktwert seiner Autogramme steigen ließ. Kipling, der nie Geld bei sich trug, bezahlte alle seine Einkäufe mit Schecks. Doch eines Tages stellte er fest, daß sich trotz mehrerer Ausgaben sein Konto nicht verändert hatte. Des Rätsels Lösung fand er, als er einige Zeit später bei einem seiner Verehrer eingeladen war. Dort sah er zwei seiner Schecks – hinter Glas an der Wand. Die Kaufleute des Ortes verkauften die Schecks weit über dem Nominalwert.

Der Autobus eines benachbarten Hotels hatte Kiplings Gartenzaun angefahren. Kipling schrieb an den Hotelbesitzer und bat um Regulierung des angerichteten Schadens. Aber er erhielt weder auf diesen noch auf einen zweiten, dringlicheren Brief eine Antwort. So machte er sich eines Tages selbst auf, den Hotelier zu besuchen. Dieser hörte seine Vorwürfe an und sagte: »Ihren ersten Brief, Mr.

Kipling, habe ich für drei Pfund verkaufen können, den zweiten sogar für sieben Pfund. Wenn Sie mir noch einen dritten geschrieben hätten, hätte ich endlich das Geld für die Reparatur zusammengehabt.«

Kipling war auch selbst recht geschäftstüchtig. So war es kein Wunder, als er eines Tages den Brief eines Amerikaners erhielt: »Wie ich höre, verkaufen Sie Ihre Werke im Detail für einen Dollar pro Wort. In der Anlage sende ich Ihnen eine Ein-Dollar-Note, für die Sie mir bitte ein Wort schicken wollen.« Kipling behielt den Dollar und schrieb ein Wort zurück: »Danke.« Einige Wochen später erreichte ihn ein weiterer Brief des Amerikaners: »Ich konnte inzwischen Ihre Antwort für zwei Dollar verkaufen. In der Anlage sende ich Ihnen fünfundvierzig Cents in Briefmarken, das entspricht der Hälfte des Erlöses aus unserem Geschäft, abzüglich der Portospesen.«

Eines Tages läutete es an Kiplings Haustür. Der Diener, der die Anweisung hatte, keine unangemeldeten Besucher einzulassen, öffnete. Vor der Tür stand ein Amerikaner mit seinen beiden Söhnen, der unbedingt den berühmten Schriftsteller zu sehen wünschte und sich nicht abwimmeln ließ. Der laute Wortwechsel ließ Kipling aus seinem Arbeitszimmer kommen, um zu sehen, was es gäbe. »Sind Sie Mr. Kipling?« fragte der Amerikaner, und als dieser bejahte, sagte er: »Seht, Kinder, das ist Rudyard Kipling!« Dann trat er zur offenstehenden Tür des Arbeitszimmers: »Ist dies Ihr Arbeitszimmer?« Wieder bejahte Kipling. »Seht, Kinder, dies ist Rudyard Kiplings Arbeitszimmer! So, und nun rasch, Kinder. Wir haben heute noch die Westminsterabtei zu besichtigen!«

Kipling machte eine Reise durch die Südstaaten der USA. In einem kleinen Hotel ließ er am Tag seiner Abreise den Besitzer rufen und sagte zu ihm: »Hören Sie, dies ist das mieseste Hotel, in dem ich bisher übernachtet habe. Die Betten sind schmutzig, die Zimmer werden nie aufgeräumt und die Bedienung ist unter aller Kritik. Das alles ist aber auch nicht verwunderlich, denn Sie selbst rühren auch keinen Finger!« Dann zahlte er seine Rechnung und verließ das Hotel. Erst draußen warf er einen genauen Blick auf die Rechnung, auf der als letzter Posten angeführt war: »Für Unverschämtheit... 3 Dollar.«

Kipling las in der »Times« ein Gedicht, das dort unter seinem Namen erschienen war, aber nicht von ihm stammte. Er fragte den Redakteur, wie das passieren konnte. »Es ist uns unter Ihrem Namen zugeschickt worden«, sagte der. »Das Gedicht ist miserabel«, sagte Kipling, womit die Sache für ihn erledigt war. »Das fanden wir auch«, meinte der Redakteur. »Wir haben es auch nur gebracht, weil wir glaubten, es sei von Ihnen.«

Ein Freund kam, um Kipling zu besuchen. »Ist Mr. Kipling in seinem Arbeitszimmer?« fragte er das Dienstmädchen. »Ja«, sagte sie. »Oh, dann will ich ihn nicht stören, wenn er gerade arbeitet«, sagte der Besucher. »Aber nein, er arbeitet gar nicht, er sitzt nur an seinem Tisch und kritzelt so vor sich hin.«

Am Morgen schlug Kipling die Zeitung auf und las darin, daß er gestorben sei. Daraufhin schrieb er der Zeitung: »Sie haben heute die Nachricht von meinem Tode gebracht. Da Sie gewöhnlich gut informiert sind, nehme ich an, daß diese Meldung auf Wahrheit beruht. Deshalb bitte ich Sie, meinen Namen auf der Liste Ihrer Abonnenten zu streichen.«

## John Dos Passos

*Chicago 14. 1. 1896 – Baltimore 28. 9. 1970*

Als Sanitätsfreiwilliger in Frankreich und Italien nahm Dos Passos am Ersten Weltkrieg teil und wurde einer der Hauptvertreter der »Verlorenen Generation«. Als Journalist bereiste er Europa, den Nahen Osten und Mittelamerika und begann von Antimilitarismus und Linkstendenzen geprägte Romane zu schreiben. Spätestens seit seinem Roman »Manhattan Transfer« (1925) gilt er als einer der bedeutendsten amerikanischen Romanciers. Nach einem Besuch bei seinem Verleger trat er mit diesem aus dessen Arbeitszimmer, wo in diesem Moment eine Sekretärin rasch vom Schoß eines Angestellten sprang. Die beiden Herren nahmen keine Notiz davon, obwohl das Mädchen einen hochroten Kopf bekam. Draußen am Lift verabschiedete sich der Verleger von seinem Autor und sagte: »Es ist eigentlich seltsam, daß der Mensch das einzige Lebewesen ist, das erröten kann.« Und Dos Passos fügte hinzu: »Und wohl auch das einzige Lebewesen, das Grund dazu hat.«
Jemand äußerte sich kritisch über die junge Generation. Da meinte Dos Passos: »Aber seien Sie ehrlich, was einen am meisten an dieser Jugend ärgert, ist doch, daß wir nicht mehr dazugehören!«

Im Alter fand er an dem schnellebigen Literaturbetrieb seit dem Zweiten Weltkrieg manches auszusetzen. So äußerte der große Bahnbrecher des neuen amerikanischen Romans einmal: »Ich weiß nicht recht, was ich von vielen jungen amerikanischen Autoren halten soll. Die meisten von ihnen schreiben heute Romane, die nichts anderes sind als gemästete Kurzgeschichten.«

## THEODOR FONTANE

*Neuruppin 30. 12. 1819 – Berlin 20. 9. 1898*

Da sein Vater Apotheker war, ergriff auch Theodor Fontane zuerst diesen Beruf. Nachdem er in Berlin anfangs bei einem Onkel gewohnt hatte, nahm er schließlich ein möbliertes Zimmer, mehr konnte er sich von seinem Verdienst als Apothekengehilfe nicht leisten. Am ersten Morgen nach dem Frühstück sagte er mit dem verbindlichsten Gesicht zu seiner neuen Wirtin: »Liebe Frau, wenn das heute früh Kaffee war, dann hätte ich gern ab morgen Tee. Wenn es aber Tee war, dann bitte ich von nun an um Kaffee.«
Erst Ende 1849 gab er den Apotheker-Beruf auf, um sich seinen journalistischen und literarischen Ambitionen widmen zu können. So begann er zuerst für ein Ministerium, später für verschiedene Zeitungen zu schreiben und verdiente sich zeitweise seinen Unterhalt auch mit Privatunterricht.
Auf dem Heimweg von einem Schüler traf er eines Tages

einen Bekannten, der ihn beiläufig fragte, ob denn dieser Privatunterricht einigermaßen einträglich sei. »Das kann ich nun gerade nicht sagen«, meinte Fontane. »Es geht an, wenn ich meine Schüler zu Fuß aufsuchen kann. Aber wenn es regnet – und leider regnet es meistens –, dann sieht das etwa so aus: Fünf Groschen für die Droschke hin, fünf Groschen für die Droschke zurück und fünf Groschen Trinkgeld für den Diener. Dazu kommen dann noch drei Groschen für das Chemisettehemd. An solchen Tagen schließe ich mit einem Defizit von drei Groschen ab.«
1870 wurde Fontane schließlich (für fast zwanzig Jahre) Theaterkritiker bei der angesehenen »Vossischen Zeitung« in Berlin. Seine Rezensionen zeichnete er meist mit den Initialen »Th. F.«, was der bekannte Berliner Schauspieler Theodor Döring, als ihn Fontane einmal verriß, boshaft mit »Theater-Fremdling« übersetzte.
Über einen anderen Schauspieler schrieb Fontane: »Herr B. geht nach Ende der Spielzeit nach Breslau. Er spielte in einer Abschiedsvorstellung den Othello. Er spielte ihn so, als ob er schon in Breslau wäre.«
Ein anderes Mal konnten die Berliner in der »Vossischen Zeitung« von Fontane »Unter dem Strich« lesen: »Über ›Königsmord‹ darf ich keine Kritik schreiben. Der Verfasser – seinen Namen sollt ihr nie erfahren – hat es mir verboten. Er überfiel mich nach der Premiere auf der Straße. ›Sie haben während des sechsten Aktes geschlafen. Sie sind nicht berechtigt, eine Kritik zu schreiben, Herr Fontane!‹ – ›Daß ich eingeschlafen bin, das war ja schon meine Kritik‹, sagte ich und versprach ihm, keine Zeile über sein Stück zu verschwenden.«

Wenn Fontane spätabends aus dem Theater nach Hause kam, hatte er die Angewohnheit, noch etwas zu essen. Seine Frau war allerdings der Meinung, dies sei ungesund, und versperrte deshalb abends die Speisekammer. Einmal jedoch hatte sie es vergessen, und so fragte sie am Morgen ihren Mann: »Warst du gestern noch in der Speisekammer? Ich erinnere mich genau, da lagen noch vier Scheiben Wurst, und jetzt ist nur noch eine Scheibe da.« – »Das tut mir leid, meine Liebe«, sagte Fontane, »es war so dunkel in der Speisekammer, da muß ich wohl die vierte Scheibe übersehen haben.«

Ein höchst untalentierter, aber nichtsdestoweniger eingebildeter Maler sprach Fontane nach einer Vernissage an: »Haben Sie meine Bilder gesehen?« – »Ich habe sie gesehen. Es waren überhaupt die einzigen, die man ansehen konnte.« Und als dem Maler in stolzem Selbstbewußtsein die Brust schwoll, fuhr Fontane fort: »Vor den anderen Bildern standen nämlich immer zu viele Menschen.«

»Ein guter Aphorismus«, schrieb Fontane, »ist die Weisheit eines ganzen Buches in einem einzigen Satz.« Solche und ähnliche geistreiche Formulierungen waren im damaligen Berlin gelegentlich auch Gegenstand von Gesellschaftsspielen. Eines bestand darin, witzige Unterschiede zwischen zwei sehr verschiedenen Gegenständen zu suchen. Auf einer Gesellschaft bat die Dame des Hauses Fontane, den Unterschied zwischen einer Uhr und ihr zu benennen. Da machte ihr der Dichter das Kompliment: »Eine Uhr erinnert mich an die Stunden, bei Ihnen vergesse ich sie.«

Zu seinem 75. Geburtstag verlieh ihm die Universität Berlin die Ehrendoktorwürde, und das preußische Kultusministerium gewährte Fontane, der so viele Jahre seines Lebens mit wirtschaftlichen Schwierigkeiten hatte kämpfen müssen, eine lebenslängliche Ehrenpension. Natürlich freute ihn das, obwohl ihm seine literarischen Werke längst nicht nur Anerkennung, sondern auch bares Geld eingebracht hatten. Im Freundeskreis sagte er: »Wenigstens habe ich jetzt einen Grund, um hundert Jahre alt zu werden.«

## Alfred Kerr

*Breslau 25. 12. 1867 – Hamburg 12. 10. 1948*

Ursprünglich hieß der berühmte Berliner Kritikerpapst Alfred Kempner. Da er überdies aus Schlesien stammte, tauchte bald das von seinen zahlreichen Feinden eifrig verbreitete Gerücht auf, Kerr sei ein Großneffe jener Friederike Kempner, die mit ihren unfreiwillig komischen Gedichten als »Schlesischer Schwan« in die Kuriositätenabteilung der deutschen Literatur gelangte. Noch zu Beginn des Jahrhunderts hatte ganz Deutschland über ihre Lyrikblüten Tränen gelacht.

Kerr wehrte sich verzweifelt gegen diese ihm angedichtete Verwandtschaft, erreichte 1911, daß sein Pseudonym von den Behörden auch als bürgerlicher Name anerkannt wurde und dementierte in einem kurzen biographischen Abriß: »Der Name Kempner war für einen Schreibenden durch die Dichterin Friederike bloßgestellt. Sie war meine Tante nicht. Sie waaar es nichttt!!!«

Kerr, seit 1895 Theaterkritiker in Berlin, war bis zu seiner Emigration nach London 1933 einer der einflußreichsten und maßgeblichsten deutschen Kritiker. Nebenher schrieb er wie seine »angebliche Tante« auch Lyrik, gelegentlich sogar als Rezension. Berühmt und – wohl unfreiwillig – im Kempner-Ton abgefaßt war sein »Elektra-Nachklang« zu Hofmannsthals Elektra-Drama, der nicht nur den Dichter selbst, sondern auch einige seiner Kollegen zutiefst verärgerte:

»Ein Krampf. Ein Schreck. Ein Schädeldruck.
Ein Blutbann lastet auf dem Hause.
Man spielt nach der Musik von Gluck
Das Rächerdrama ohne Pause.

Durchs Beil, im Garn, erlag der Held.
Die ihm das Todesnetz geflochten,
Die Klytaimnestra wird gefällt,
Ihr Buhlerich zugleich geschochten.

Die Freude bringt Elektra um;
Auch sie? ... Das Drama ist zu Ende?
Verglast sitzt alles Publikum,
Dann klatscht man zögernd in die Hände.

Den Autor ruft eine kleine Zahl;
Und als die Vorhanghälften weichen,
Kommt Sophokles – Nein, Hofmannsthal,
Und lächelt höflich über Leichen.«

Auch Thomas Mann wurde tief getroffen von Kerrs Kritik über seinen allerdings dramatisch recht spannungslosen Bühnendialog »Fiorenza«; und er erwog später eine psychologische Studie über Kerr zu schreiben, der er den Titel »Ein Elender« geben wollte. Kerr hatte unter anderem geschrieben: »Der Verfasser ist ein feines, etwas dünnes Seelchen, dessen Wurzel ihre stille Wohnung im Sitzfleisch hat. Was zu ersitzen war, hat er hier ersessen. Es gibt ja zwei Gattungen von Schriftstellern; die erste gleicht in irgend etwas dem raschen Siegfried: heiter, unverwundbar kraft einer hörnernen Haut, schier blitzend. Die andere Gattung (zu ihr zählt Herr Thomas Mann) ist weniger im Blitzen als im Sitzen stark. Bei dieser Gattung bildet sich die Siegfried-Hornhaut nur an einer Stelle.«

Und für seine Rezension von Alfred Döblins heute vergessenem Drama »Die Ehe« wäre Kerr um ein Haar verprügelt worden. Sie enthielt den Absatz: »An Alle: das Zeitalter des schlechten Zeitstücks wird hiermit geschlossen. Döblin der Letzte. In der dramatischen Lagunenwelt war er der ›banale grande‹.« Am nächsten Tag erzählte die Redaktionssekretärin Kerr von einem Mann, der nach Erscheinen der Kritik aufgetaucht sei, sich als Verehrer des Herrn Dr. Döblin ausgegeben habe und »dem Kerr eins in die Fresse« hatte hauen wollen. »Und was haben Sie ihm gesagt?« wollte der Kritikerpapst wissen. »Ich habe gesagt: Es tut mir ganz außerordentlich leid, aber Herr Dr. Kerr ist nicht im Hause.«

Natürlich lobte Kerr auch, wenn ihm etwas gefiel. Aber auch da konnte noch versteckt ein kleiner Stachel drinstecken. Nach der Premiere der in die Theatergeschichte eingegangenen Berliner Inszenierung von Shakespeares »Richard III.« von 1919, mit Fritz Kortner in der Titelrolle, schrieb er kurz und bündig über das in der jungen Republik in »Berliner Stadttheater« umbenannte Haus: »Jetzt hat das ehemalige Königliche Theater seinen königlichen Rang!«

Eines Abends kam Kerr verspätet ins Theater. Beschwörend legte der Logenschließer den Finger auf den Mund, als er ihn leise einließ. Ungeniert laut fragte Kerr: »Warum? Schlafen schon alle?«

Bei einer Premiere kam Kerr nach dem ersten Akt an die Garderobe und verlangte Hut und Mantel. Auf die erstaunte Frage, warum der Herr Doktor denn schon gehe, antwortete er: »Den ersten Akt habe ich gesehen. Ich nehme an, daß die beiden anderen von dem gleichen Dilettanten geschrieben wurden.«

## Franz Molnár

*Budapest 12. 1. 1878 – New York 1. 4. 1952*

Der gebürtige Ungar war einer der erfolgreichsten Dramatiker seiner Zeit. Seine Stücke wurden in aller Welt gespielt und vor allem in Budapest und Wien, aber auch am Broadway zu Serienerfolgen. Diese Erfolge, die Molnár viel Geld einbrachten und ihm zeitlebens ein großzügiges Leben gestatteten, verdankte er seiner Kunst einer pointierten Dialogführung und seinem dramaturgischen Geschick. Als ein ehemaliger Mitschüler dem schon berühm-

ten jungen Molnár seine Bewunderung ausdrückte, sagte er: »Ich bin gegen jede Überraschung gefeit. Ich bin Jude. Ein Jude wird nie untergehen und sich nie in die Höhe schwingen. Die Familie hält ihn zurück.«
1922 schrieb Molnár eine »Selbstbiographie« in Stichworten:

»1878: Geboren in Budapest
1896: Student in Genf
1897: Journalist in Ungarn
1898: Meine erste Novelle geschrieben
1899: Meinen ersten Roman geschrieben
1902: Wurde ich im Ausland gedruckt
1907: Die Uraufführung meines ersten Theaterstückes
1914: Wurde ich Kriegsberichterstatter
1916: Wieder Autor geworden
1918: Bekam ich weiße Haare
1922: Möchte Student in Genf sein.«

Molnárs zweite Frau wurde die bekannte Budapester Operettendiva Sári Fedák. Am Hochzeitsmorgen zog er einen dunkelgrauen Anzug an. Überrascht fragte Sári: »Aber Ferenc, willst du nicht im Frack gehen?« – »O nein, meine Liebe, Frack trage ich nur bei Premieren.«
Wie alle Ungarn war Molnár sehr eifersüchtig. Dabei hatte Sári kaum weniger Grund dazu als er. Sein Verdacht richtete sich vor allem gegen einen bekannten Budapester Schauspieler, allgemein nur »der schöne P.« genannt. Allerdings gelang es ihm nie, die beiden in flagranti zu erwischen. Eines Tages rief er Sári aus seinem Klub an: »Ich

weiß, der schöne P. ist bei dir. Gib es zu!« Sári gab nichts zu. Es entspann sich ein kurzer, heftiger Dialog am Telefon, an dessen Ende Molnár schließlich verlangte: »Gut, ich werde dir glauben, daß du mich nicht betrügst. Unter einer Bedingung.« – »Und welcher?« – »Du sagst jetzt ganz laut und deutlich: Der P. ist ein eingebildeter, arroganter Widerling!« Da legte Sári wortlos auf. Ein paar Tage später erfuhr Molnár, daß der Portier des Klubs gegen ein gutes Trinkgeld jedesmal zu Hause anrief, wenn Molnár den Klub verließ.

Viele Jahre später, Molnár war längst von Sári geschieden und nach New York emigriert, wo er als erfolgreicher Broadway-Autor bekannt war, trat dort in einem kleineren Theater die in Amerika so gut wie unbekannte Sári Fedák auf. Obwohl sich beide im Bösen getrennt hatten, nannte sie sich hier Sári Fedák-Molnár. Daraufhin ließ Molnár in mehreren New Yorker Zeitungen ein Inserat erscheinen: »Ich lege Wert darauf, bekanntzumachen, daß Sári Fedák-Molnár nicht meine Mutter ist. Ferenc Molnár.«

Mit seiner dritten Frau Lili Darvas saß Molnár einmal in der Bar des Wiener Hotels Imperial. Eine aufdringliche Blumenverkäuferin trat zu ihnen an den Tisch und bat: »Kaufen Sie doch Blumen für die Dame!« Ärgerlich sagte Molnár: »Nicht mehr notwendig. Die Dame ist meine Frau.«

Molnárs Geiz war sprichwörtlich und in nahezu allen Hauptstädten Europas (und später auch Amerikas) bekannt. Er muß so beeindruckend gewesen sein, daß viele seiner Freunde einen Eid darauf schworen, wenigstens neunzig Prozent der ungezählten Molnár-Anekdoten über seinen Geiz seien tatsächlich passiert. Der Regisseur Géza von Bolváry gab ihm die Adresse eines vorzüglichen, allerdings sehr teuren Restaurants in Paris. Molnár ging hin, speiste ausgezeichnet und, da er allein war, ausgiebig. Schließlich kam der Chef des Hauses und brachte ihm die Rechnung. Molnár warf einen Blick auf die gepfefferten Preise und fragte ihn dann: »Aber Monsieur, warum berechnen Sie mir als Kollegen solche Preise?« Der Maître nahm die Rechnung: »Ach so, der Herr ist ein Kollege. Bitte, einen Moment.« Er verschwand und kehrte mit einer neuen, erheblich reduzierten, wenn auch immer noch stattlichen Rechnung zurück, die Molnár zuzüglich eines kleinen Trinkgeldes bezahlte. Der Chef begleitete ihn höflich bis zur Tür. »Und wo«, fragte er, »haben Sie Ihr Restaurant? Ich würde Sie gern auch einmal aufsuchen.« – »Ich habe kein Restaurant«, sagte Molnár kurz. »Aber – ich denke wir sind Kollegen?« fragte der Maître etwas befremdet. Molnár: »Gewiß. Ich bin ebenfalls ein Gauner!«

Natürlich ging es nicht allen seiner Freunde und Kollegen so gut wie ihm, und mancher, der in finanzielle Nöte kam, wagte einen Bittbrief an Molnár. Dieser hatte für solche Fälle ein vorgedrucktes Schreiben: »Da ich mir Ihre Freundschaft auch weiterhin erhalten möchte, sehe ich mich leider nicht in der Lage, Ihnen etwas zu leihen.«

Es gab aber auch Ausnahmen. Eines Abends war Molnár zu einer Gesellschaft in das Haus des sehr einflußreichen ungarischen Zeitungskönigs Frida Gombaszögi eingeladen. Als sich die Gäste verabschiedeten, stand im Vorzimmer diskret ein Tablett, auf das man die Trinkgelder für die

Dienerschaft legen konnte. Man gab ein, zwei oder auch drei Pengö. Umständlich entfaltete Molnár einen Zwanzig-Pengö-Schein und legte ihn mit großer Geste dazu. »Bist du verrückt?« wunderte sich ein Freund. Molnár zuckte mit den Achseln: »Hier muß ich das für meinen guten Ruf tun. Denn man sagt mir nach, ich sei ein Geizhals.«

Mit Ausbruch des Zweiten Weltkriegs war Molnár auf dem Weg in die Emigration. Anders als viele seiner Kollegen, die nun plötzlich vor dem Nichts standen, hatte er auf mehreren Banken im Ausland beträchtliche Beträge, vor allem auch in den USA. Beim amerikanischen Konsul in Genf bemühte er sich um ein Visum für die USA. »Und wohin möchten Sie in den USA, Herr Molnár?« fragte dieser. Darauf Molnár trocken: »In die Nähe meiner Bank.«

Jemand hatte die Frage aufgeworfen, woran man denn eigentlich den Erfolg oder Mißerfolg eines Theaterstückes erkenne. Molnár stellte eine Regel auf: »Das sieht man am besten an der Strickarbeit! Wenn die Kassiererin strickt, so zeigt das, daß das derzeit laufende Stück kein Erfolg ist. Strickt aber die Souffleuse während der Vorstellungen einen Pullover nach dem anderen, so ist das Stück garantiert ein Erfolg.«

Molnárs schönstes Theaterstück, »Liliom«, war bei der Premiere in Budapest ein glatter Durchfall, ein Mißerfolg, wie das seltsamerweise bei einigen bedeutenden und später beliebten Werken der Weltliteratur der Fall war. Auf dem Heimweg von der mißglückten Premiere sagte Molnárs erste Frau, die Schriftstellerin Margit Vészi: »Das mußt du mir versprechen, Ferenc, daß du nie wieder so ein Stück schreibst!« Er versprach es. Später, als »Liliom« längst ein Welterfolg war, erzählte er gern diese Geschichte. Und zum Schluß fügte er hinzu: »Und leider – ich habe tatsächlich so ein Stück nie wieder geschrieben. Es war übrigens das einzige Versprechen meiner Frau gegenüber, das ich gehalten habe.«

## Kurt Tucholsky

*Berlin 9. 1. 1890 – Hindås/Schweden 1. 12. 1935*

Der Sohn eines jüdischen Kaufmanns studierte zuerst Jura, um einen bürgerlichen Beruf zu ergreifen. Doch bereits 1911 begann er nebenher Glossen, Gedichte und Rezensionen für den sozialdemokratischen »Vorwärts« zu schreiben. Tucholsky engagierte sich für einen linksorientierten pazifistischen Humanismus, die Sozialdemokraten als Partei jedoch bezeichnete er ironisch als »Radieschen, außen rot und innen weiß«.

»Laßt uns das Leben genießen«, sagte er einmal, »solange wir es noch nicht begreifen!« Und nach diesem Motto schrieb er sein erstes Buch: »Rheinsberg – Ein Bilderbuch für Verliebte«, eine heiter verspielte Sommerskizze, die 1912 sogleich ein Erfolg wurde und den Namen Tucholsky einem größeren Leserkreis bekannt machte.

Entscheidend für ihn wurde 1913 seine Begegnung mit Siegfried Jacobsohn, dem Herausgeber der Berliner Theaterrevue »Die Schaubühne« (ab 1918 hieß sie dann »Die

Weltbühne«), deren wichtigster Mitarbeiter er für zwanzig Jahre wurde. Daneben schrieb er Feuilletons und Kritiken für eine ganze Reihe anderer, vorwiegend linker Blätter. Kritik, so fand er (und bezog es auch auf sich selbst), war ein notwendiges Korrektiv und schweigend hinzunehmen. »Wer in der Öffentlichkeit Kegel schiebt, muß sich von jedem sagen lassen, wieviel Punkte er geworfen hat.«

Seine Kritiken waren immer treffsicher, manchmal böse, aber nie ohne den typischen, sprühenden Berliner Witz, der jedes Pathos und jede Sentimentalität schonungslos entlarvt. Die Unsitte vieler Redner, ihre Ansprachen mit umständlichen und überflüssigen Einleitungsphrasen zu beginnen, glossierte er einmal mit dem Rat: »Fang nie mit dem Anfang an, sondern immer drei Meilen vor dem Anfang! Etwa so: ›Meine Damen und Herren! Bevor ich zum Thema des heutigen Abends komme, lassen Sie mich Ihnen kurz ...‹«

Tucholsky war ein fleißiger Schreiber, und so erschienen in der »Schaubühne« bzw. »Weltbühne« oft mehrere Beiträge von ihm in einer Nummer, weshalb er vier Pseudonyme erfand, unter denen er ebenfalls schrieb: Peter Panter, Theobald Tiger, Ignaz Wrobel und Kaspar Hauser. Die Inflation und eigene Unbekümmertheit brachten ihn zu Beginn der zwanziger Jahre mehrmals in wirtschaftliche Schwierigkeiten, denn seine Geschäftstüchtigkeit hielt mit seinem literarischen Fleiß keineswegs mit. Dafür ironisierte er einmal das sprichwörtliche Geschick der Schweizer in Wirtschaftsdingen: »Es war natürlich am siebten Schöpfungstag, denn das Beste kommt immer zum Schluß. Als die Schweiz fertig war, erkundigte sich der liebe Gott bei den Schwyzern, ob sie noch Wünsche hätten. Ei gewiß, sagten die, recht viele fette Almwiesen, recht viele Kühe drauf und recht viel Milch. Gott erfüllte auch diesen Wunsch, und als er, auf einer Rundreise, dann die Almwiesen betrachtete, ließ er sich einen Becher Milch reichen. ›Die ist ja sehr gut, diese Milch‹, sagte der liebe Gott lobend, ›damit bist du doch jetzt zufrieden, Schweizer?‹ – ›So ganz zufrieden bin ich noch nicht, lieber Gott‹, antwortete der Schweizer, ›denn für die Milch schuldest du mir noch einen Franken!‹«

»Der Vorteil der Klugheit besteht darin«, meinte Tucholsky, »daß man sich dummstellen kann. Das Gegenteil ist schon schwieriger.«

Aufmerksam und interessiert setzte sich Tucholsky mit allen Entwicklungen und Neuerungen seiner Zeit auseinander, wobei er natürlich nicht immer prophetisch ins Schwarze treffen konnte. So etwa, als der Tonfilm aufkam und als Kunstgattung von vielen Schauspielern, aber auch Kritikern abgelehnt wurde. Auf seine pointierte Art stellte Tucholsky fest: »Der beste Filmtext ist: gar keiner.«

Ahnungsvoller war seine Abneigung und heftige Polemik gegen die aufkommenden Nationalsozialisten. Als der Wiener Jude Karl Kraus, dem nach eigenen Angaben »zu Hitler nichts einfiel«, sich zur Überraschung vieler kurz vor 1933 auf die Seite der Austrofaschisten stellte, kommentierte Tucholsky bitter: »Die Ratten betreten das sinkende Schiff!«

Tucholsky selbst hatte schon frühzeitig Deutschland den Rücken gekehrt und seinen Hauptwohnsitz zuerst in Paris, später in Schweden genommen. 1933 wurden von den

Nazis seine Bücher verbrannt und er selbst ausgebürgert. Verbittert nahm er sich zwei Jahre später mit nur 45 Jahren das Leben, das ihn, so ehrlich und gradlinig verlaufen, nun doch unverschuldet in eine Sackgasse geführt hatte. »Wer seine Memoiren schreibt, hat etwas zu verbergen«, sagte Tucholsky einmal, der selbst nichts zu verbergen gehabt hatte.

## Carl Zuckmayer

*Nackenheim 27.12.1896 – Saas-Fee/Schweiz 18.1.1977*

Nach der Schule und dem Ersten Weltkrieg, in den er als Freiwilliger zog, begann Zuckmayer, Sohn eines wohlhabenden rheinischen Fabrikanten, in Frankfurt und Heidelberg recht wahllos Jura und Nationalökonomie, Literatur- und Kunstgeschichte, Biologie und Zoologie zu studieren, bevor er sich schließlich dem Schreiben zuwandte. Später nahm er das Leben ernster und mit mehr System als in seiner Studentenzeit: »Die Hälfte des Lebens ist Glück, die andere ist Disziplin – und die ist entscheidend, denn ohne Disziplin könnte man mit seinem Glück nichts anfangen.« Wenig Glück hatte Carl Zuckmayer allerdings mit seinem ersten Stück »Kreuzweg«, das 1920 unter Leopold Jessner im Staatlichen Schauspielhaus Berlin herauskam. Es war ein glatter Durchfall, »ein Kreuzweg, den alle Zuschauer gehen müssen«, schrieb ein Kritiker; und der große Alfred Kerr verstieg sich sogar zu der Behauptung: »Dieser heillose Lyriker, dem manchmal ein paar schöne Verse gelingen, wird niemals einen auf der Bühne sprechbaren Satz hervorbringen.« Nach zwei Wiederholungen wurde »Kreuzweg« vom Spielplan abgesetzt.

Der große Durchbruch für den Dramatiker Zuckmayer kam dann 1925 mit dem Volksstück »Der fröhliche Weinberg«. Zuckmayers Mutter, die in der Premiere saß, berichtete anschließend dem Sohn: »Kerr hat zweimal gelächelt!«

Für den »Fröhlichen Weinberg« erhielt der Autor nicht nur den angesehenen Kleist-Preis, sondern endlich auch reichliche Tantiemen. So konnte er seine Frau Alice von Herdan großzügig in das angesehene Berliner Feinschmecker-Lokal Schlichter einladen, wo er noch einige Schulden aus kargeren Zeiten hatte. Zuletzt bat er um die Rechnung, und man möge auch gleich noch all das dazuschreiben, was noch offen sei. Da trat Herr Schlichter persönlich an den Tisch des Dichters, verbeugte sich vor Alice von Herdan und sagte liebenswürdig: »Ein Herr, der den Kleist-Preis bekommen hat, hat keine Schulden.«

Die Honorare reichten nicht nur für ein ausgiebiges Essen bei Schlichter. Zuckmayer überlegte sich auch, ob er sich nun ein Auto zulegen solle. Sein Freund und Kollege Carl Vollmoeller war Sohn eines Autohändlers und erbot sich, ihm einen Wagen vorzuführen. Gemeinsam mit dem Berliner Kunsthändler Alfred Flechtheim machten beide eines Tages eine Probefahrt mit einem nagelneuen Ford. Schließlich hielt Vollmoeller an, wandte sich den beiden Freunden zu und fragte strahlend: »Na, was sagt ihr?« Da gab es plötzlich einen Ruck – das auf der leicht abschüssigen Straße langsam weiterrollende Auto war gegen eine

Telefonzelle gestoßen. »Na ja«, sagte Zuckmayer, »aber wie hält man an, wenn da keine Telefonzelle ist?«

Mit Vollmoeller zusammen schrieb Zuckmayer das Drehbuch zu dem berühmten »Blauen Engel«, der Verfilmung von Heinrich Manns Roman »Professor Unrat«. Später behaupteten beide von sich, eigentlich hätten sie das Drehbuch mehr oder weniger allein geschrieben. Sie wurden noch von dem Regisseur Josef von Sternberg übertroffen, der feststellte: »Der Stoff ist von Heinrich Mann und der Film von mir. Zuckmayer hat ein bißchen am Drehbuch mitgeschrieben, aber Vollmoeller hat nur Honorar gekriegt.«

Nach der Uraufführung von Zuckmayers »Der Schelm von Bergen« kam der anwesende Bert Brecht, der zusammen mit Zuckmayer einst Dramaturg bei Max Reinhardt gewesen war, auf die Bühne. »Na«, fragte Zuckmayer, »hat es dir gefallen?« Brecht nahm einen herumliegenden Ritterhelm, steckte seinen Kopf hinein, schloß das Visier und sagte: »Na ja – wenn ich ein alter Ritter wär, hätt's mir gefallen.«

1933 erhielt Zuckmayer Schreibverbot, ging zuerst nach Österreich, später über die Schweiz und Kuba in die USA nach Hollywood. Dort bekam er den Auftrag, einen »Don Juan«-Film zu schreiben. Doch nach mehreren Vorbesprechungen mit dem Produzenten weigerte er sich. Dieser wollte den spanischen Helden ins Renaissance-Milieu von Florenz verpflanzen, wo Don Juan als Höhepunkt des romantisch-sentimentalen Films eine dramatische Affäre mit einer schönen Medici haben sollte. Das Ganze höchst melodramatisch, aufwendig und spannend.

Nach sechs Monaten verließ Zuckmayer Hollywood enttäuscht.
Er ging zuerst nach New York. Später pachtete er eine Farm in Vermont. Das Farmerleben in Amerika lag ihm zwar, doch war es anfangs ungewohnt. Das Brennholz für den Kamin schlug und zerkleinerte er selbst. Er entwickelte eine Methode, es im Kamin so aufzuschichten, daß er es leicht und gleichmäßig mit einem einzigen Streichholz entzünden konnte. Frau Alice schüttelte den Kopf und nannte ihn einen »Pyromantiker«.
Ungewohnt war ihm auch das Schlachten der Tiere auf der Farm. Wenigstens beim Federvieh mußte er dies ja selbst besorgen, auch wenn es ihm widerstrebte. Über seine Phantasie wußte er sich Mut zu machen: Er gab den Gänsen, Enten und Hühnern die Namen bekannter Nazigrößen, was ihm das Hinmorden der Viecher ein wenig erleichterte.
Nach dem Krieg wechselte er einige Jahre ständig zwischen Amerika und Europa hin und her, bis er sich 1958 im schweizerischen Saas-Fee niederließ. Sein erstes Nachkriegsstück wurde ein großer Erfolg: »Des Teufels General«, 1946 uraufgeführt. 1949 folgte »Der Gesang im Feuerofen«. Seine überaus lobende Kritik des Stückes hatte ein Rezensent zugleich mit einem totalen Verriß eines vorher gespielten Zeitstücks eines anderen Autors verbunden. Zuckmayer fand diese Methode ausgesprochen unfair und sagte: »Was ist das für ein Mensch, der nur jemandem Beifall klatschen kann, wenn er zugleich einen anderen ohrfeigen kann!«
Zuckmayer war dabei, wieder ganz nach Europa zu über-

siedeln. Da er früher immerhin einige Jahre in Österreich gelebt hatte und in Wien gerade der ebenso begehrte wie gefährliche Direktorensessel am Burgtheater frei wurde, kam auch Zuckmayer für diesen Posten ins Gespräch. Professor Ernst Haeusserman, der später selbst Burgtheaterdirektor wurde, fragte Zuckmayer, wie er darüber denke. Doch der Dramatiker lehnte ab: »Lieber setze ich mich mit dem nackten Hintern in einen Ameisenhaufen!«

1966 veröffentlichte Zuckmayer unter dem Titel »Als wär's ein Stück von mir« seine Memoiren, die nicht nur von der Kritik, sondern auch von den Lesern begeistert aufgenommen wurden. Darin zitiert er einen Brief, der ihn nach der Uraufführung des »Hauptmanns von Köpenick« erreichte: »Werter Verfasser, gestern habe ich im Deutschen Theater den Hauptmann von Köpenick gesehen, ich kann Ihnen nicht sagen, wie mir zumute war, als unser liebes, altes Sitzcafé, das National, auf der Bühne erschien. Tränen der Rührung liefen mir über die Wangen. War ich doch selbst die bekannte Goldfisch-Anna, da ich einen sehr vollen Busen besaß und sich die Herren vergnügten, mir lebende Goldfische aus dem großen Bassin mit Springbrunnen in den stets dekolletierten Busenschlitz schlüpfen zu lassen, die sie dann aus meinem Corsett wieder herausfischten, wobei ich zu ihrem Spaß laut quietschte. So manchen Thaler habe ich mir damit ehrlich verdient! Goldene Zeiten. – Dank Ihnen, werter Meister, daß Sie diese Erinnerung an die glücklichsten Tage meines Lebens auf das Theater gebracht haben. Ihre Goldfisch-Anna«

## Friedrich Dürrenmatt

*Konolfingen 5. 1. 1921 – Neuenburg 14. 12. 1990*

Neben Max Frisch wurde Dürrenmatt nach 1945 der bedeutendste Schweizer Schriftsteller. In einem (später zum Teil dementierten) Interview berichtete der Dramatiker von einer Begegnung mit Carl Zuckmayer in München. »Da saß ich im Hotel Vier Jahreszeiten«, erzählte Dürrenmatt, »etwas abseits saß Zuckmayer, und plötzlich erhob er sich und kam mit einer ungeheuer süßen Weinfahne zu mir herüber, stellte sich vor meinen Tisch und sagte: ›Sie halten meine Stücke für Scheiße, und ich halte Ihre Stücke für Scheiße.‹ Darauf sagte ich: ›Herr Zuckmayer, das haben Sie sehr gut formuliert.‹ Am nächsten Morgen trafen wir uns im Lift. Er starrte mich eine Weile an und sagte dann ganz formell: ›Herr Dürrenmatt, habe ich mich gestern ungebührlich benommen?‹ Darauf ich: ›Aber nein, Herr Zuckmayer, Sie waren ganz groß in Form.‹ Und er: ›Wissen Sie, ich verehre Sie unermeßlich.‹ Das war wahnsinnig komisch.«
In dem gleichen Interview äußerte er auch seine Ansicht über den Komponisten Richard Wagner: »Den habe ich auch noch nie leiden können. Meine Frau sagt immer, das sei die beste Musik zum Reinemachen. Beim Staubsaugen legt sie am liebsten den Walkürenritt auf, ganz laut. Im Gymnasium haben wir einmal die Venusbergmusik mit Gesang gemacht, so tatatata tari tara, Stimmen statt Instrumente. Das ist für mich die ideale Puffmusik. Da stelle ich mir den Wagner als Mime vor, wie er seine Cosima, die für ihn viel zu groß war, erotisch beackert...«

An anderer Stelle philosophierte Dürrenmatt über den Unterschied der Geschlechter: »Das Philosophieren ist mehr eine Sache der Männer. Es gibt ja kaum Frauen unter den Philosophen, weil Frauen ganz anders denken. Die Frau hat das Denken im männlichen Sinne nicht nötig. Sie hat auch die Kunst viel weniger nötig, das Hervorbringen von Werken. Sie ist viel mehr an den Leib gebunden, denn sie ist biologisch der Boden. Der Mann ist doch im gewissen Sinne überflüssig, eine ungeheure Verschleuderung der Natur. Das ist sein großes Manko, das er ausgleichen muß durch geistige Arbeit.«

Dagegen hatte er früher einmal behauptet: »Die Vitalität wird zu Lasten des Verstandes überschätzt. Dabei sind es die Ochsen und nicht die Denker, die uns zu Tode trampeln.«

Dürrenmatts Vater war Pfarrer und hatte, wie er sagte, »furchtbare Angst vor dem Sterben. Das konnte ich nicht begreifen. Er hatte Angst vor diesen Höllenvorstellungen, obwohl er ein ungeheuer gütiger Mensch war und ein ganz strenger Abstinenzler. Am Schluß wurde das langsam lustig. Jede Weihnacht geschah immer das gleiche, daß er sagte, es sei seine letzte Weihnacht. Aber er ist dann vierundachtzig Jahre alt geworden und ganz sanft gestorben.«

Eines Tages fragte ein Bekannter Dürrenmatt: »Sie kommen doch zu meinem Vortrag?« Dürrenmatt wollte wissen, worüber er sprechen werde. »Über Gott«, erklärte der Bekannte. »Na gut«, sagte Dürrenmatt, »ich werde kommen. Aber Sie müssen mir versprechen, daß Sie auch Lichtbilder zeigen!«

In einer Diskussionsrunde ging es um die Frage des Nationalismus und des Verhältnisses des Schriftstellers zu seiner Nation. Nachdem er eine Weile zugehört hatte, gab auch der Schweizer Dürrenmatt seine Meinung bekannt: »Der Schriftsteller einer kleinen Nation kann es sich schon aus rein geschäftlichen Gründen gar nicht leisten, allzu patriotisch zu sein.«

Im Januar 1981 veranstaltete man in Zürich eine große Feier zu Ehren des sechzigsten Geburtstags von Dürrenmatt. In zahlreichen Festvorträgen und Ansprachen wurde im Zunfthaus zur Meisen sein Lob gesungen und seine literarische Bedeutung gewürdigt. Zuletzt kam der Geehrte selbst nicht drumherum, auch er mußte aufs Rednerpult, um ein paar Worte zu sagen. Alle erwarteten einen bescheidenen Dank des Autors oder etwas ähnliches. Doch Dürrenmatt sagte: »Kürzlich ging ich im Wald spazieren. Da begegnete mir ein ganz altes Weiblein. ›Sind Sie nicht der Dürrenmatt?‹ fragte die Alte. Ich sagte: ›Ja.‹ Da meinte sie: ›Von Ihnen hat man aber auch lange nichts mehr gehört.‹« Sprach's und verließ das Rednerpult.

*… von Malern*
*und*
*Kunstverständigen*

## Paul Cézanne

*Aix-en-Provence 19. 1. 1839 – Aix-en-Provence 22. 10. 1906*

Zu den bedeutendsten Vorläufern und frühen Vertretern der modernen gegenständlichen Malerei gehörte der Südfranzose Paul Cézanne. Schon als Knabe wollte er Maler werden, wovon seine Familie nicht allzu viel hielt. Sein Vater warnte ihn: »Das Genie bewahrt einen nicht vor dem Hunger, nur das Geld, das man verdient.« Seine Mutter verstand ihn dagegen eher, wenn auch ihre Argumente für den Beruf des Malers den Vater wenig überzeugen konnten: »Heißt er nicht Paul? Ebenso wie Veronese und wie Rubens?«

Am Todestag seines Vaters begann Cézanne eine Zeichnung nach dem Toten zu machen. »Laß das, Paul«, sagte seine Schwester, »jetzt ist nicht der Augenblick zu scherzen. Wenn wir die Züge des Vaters festhalten wollen, müssen wir einen richtigen Maler kommen lassen!«

Cézanne war mit Renoir befreundet, der ihn eines Tages mit einem Bild unter dem Arm auf der Straße traf. »Wo gehst du hin?« fragte Renoir. »Ich habe keinen Sous mehr, und nun suche ich jemanden, der mir dies Bild abkauft.« Am Abend kehrte Cézanne ohne das Bild zurück. »Nun?« fragte Renoir. »Wieviel hast du für das Bild bekommen?« Da erzählte Cézanne, er habe unterwegs den Musiker Cabaner getroffen. Er habe sich das Bild angesehen und sei ganz begeistert gewesen. »Und weil er es so schön gefunden hat, habe ich es ihm geschenkt«, schloß Cézanne.

Seinen Modellen gegenüber war Cézanne unerbittlich. Streng achtete er darauf, daß sie stets die gleiche Haltung einnahmen und beibehielten. Das war nicht leicht, denn Cézanne brauchte viel Zeit, und mancher, den er porträtierte, mußte ihm hundertmal und öfter sitzen. So auch der Kunsthändler Ambroise Vollard. Doch eines Tages war er so müde, daß er plötzlich mitsamt dem Stuhl umkippte und vom Podium fiel. »Rasch, stehen Sie auf«, rief Cézanne ärgerlich. »Setzen Sie sich hin, wo Sie hingehören. Wenn ich eine Vase oder eine Obstschale auf den Stuhl gestellt hätte, die wären nicht umgefallen!«
Während einer Porträtsitzung sprach Cézanne mit Vollard über ein Bild von Delacroix, auf dem unter anderem Rosen in einer Vase dargestellt sind. Es erhob sich die Frage, ob die Rosen nur zufällig dagewesen und deshalb vom Maler ins Bild gebracht worden wären. Bei der nächsten Sitzung erzählte Vollard, er habe in Delacroix' Tagebüchern nachgelesen, die Rosen wären wirklich nur zufällig dagewesen. Da schlug Cézanne wütend mit der Faust auf den Tisch: »Es gibt in der Kunst keinen Zufall!«
Cézanne war einer der ersten, der das Atelier verließ, um seine Landschaften im Freien zu malen. Als er eines Tages draußen arbeitete, kam ein biederer Maler vorbei, eine anerkannte Lokalgröße von Aix, und blieb stehen. Nachdem er eine Weile milde lächelnd dem närrischen Kleckser zugesehen hatte, nahm er ihm plötzlich den Pinsel aus der Hand. »Geben Sie mir die Palette, ich zeige es Ihnen«, sagte er zu Cézanne, der sie ihm etwas verstört reichte. Ein Pinselstrich hier, ein Pinselstrich da. Er verglich das Grün der Natur gewissenhaft mit dem Grün auf dem Bild,

bemühte sich, geriet ins Schwitzen und hatte endlich den Baum naturgetreu fertig. Er strahlte: »So, da haben Sie es.« Cézanne sagte kein Wort, nahm das Farbmesser und kratzte ganz vorsichtig den schönen Baum mitsamt dem naturgetreuen Menschen, den der andere keß in den Schatten des Baumes gesetzt hatte, wieder weg. Dann sagte er: »So, da haben Sie es!«

## Maurice Utrillo

*Paris 25. 12. 1883 – Dax/Landes 5. 11. 1955*

Der Pariser Maler Utrillo war ein Autodidakt und begann ohne eigentliche Vorbildung unter dem Eindruck von Pissarro zu malen. Seine Mutter Suzanne Valadon war ein bekanntes Malermodell und begann 1907 selbst zu malen. Daß sie ihn an einem 25. Dezember zur Welt gebracht hatte, paßte Utrillo überhaupt nicht, er wollte am 24. Dezember geboren sein. Mit dem Beamten auf dem Standesamt hatte er einen heftigen Disput. Schließlich rief er ärgerlich: »Gott führt genauere Register als Sie hier. Und er hat mir gesagt: Du bist an einem Weihnachtstag geboren!«

Utrillo verbrachte einen feuchtfröhlichen Abend mit dem Italiener Modigliani, der ebenso genial malen wie saufen konnte. Plötzlich schrie Modigliani laut in die Nacht von Montmartre hinaus: »Utrillo ist der größte Maler, denn er versteht zu trinken wie ein Genie!« Da protestierte dieser: »Aber nein! Zuerst kommt Modigliani!«

Der früh verstorbene Modigliani fand erst nach seinem Tod die Anerkennung der Kunstwelt, die bewirkte, daß die Preise seiner Bilder hinaufkletterten. Aber auch Utrillo mußte lange auf den Erfolg warten. Dann aber stiegen die Preise immer höher. In einer Kunsthandlung ließ sich ein Mann einen »Utrillo« zeigen und nahm ihn, obwohl er recht teuer war. Ja, er kaufte schließlich noch ein zweites Bild. »Und wohin«, fragte der Galerist, »darf ich Ihnen die Bilder schicken?« Da sagte der Mann: »Behalten Sie sie nur. Und wenn sie auf das Doppelte gestiegen sind, verkaufen Sie.«

Geschäftstüchtig war vor allem Utrillos Witwe. Nachdem sie lange mit einem amerikanischen Händler gefeilscht hatte, erzählte dieser, um den Preis zu drücken, in Amerika gäbe es mindestens 300 Fälschungen von Utrillo. »Ja, kann man das denn nicht verbieten?« fragte sie entrüstet. »Womöglich, Madame«, sagte der Amerikaner. »Wenn wir das in Amerika versuchen wollten, dann gäbe es nicht 300, sondern bald 3000 Fälschungen!«

## Heinrich Zille

*Radebeul 10. 1. 1858 – Berlin 9. 8. 1929*

Eigentlich stammte der Zeichner und Illustrator Zille aus Sachsen, aber er wurde schließlich *der* Chronist des Berliner Proletariermilieus. Eines der beliebtesten Chansons der Berliner Kabarettistin Claire Waldoff, die mit Zille befreundet war, war Willi Kollos Zille-Lied: »... Denn der

Menschen Lust und Weh, das war dein Milljöh, das war dein Milljöh ...«

Dieses Milieu war für ihn nicht nur unerschöpfliches Reservoir für seine Modelle, und er war auch nicht nur dessen zeit- und sozialkritischer Chronist, er lebte selbst mit und in diesem Milieu. Als der später bekannte Filmregisseur Géza von Cziffra sich noch sein Geld als junger Journalist in Berlin verdiente, wollte er mit Zille ein Interview für das »Berliner Tagblatt« machen. Er fuhr also in die Sophie-Charlotte-Straße, 5. Etage, ohne Fahrstuhl. Cziffra erzählt: »Es war kurz vor Weihnachten. An der Tür hing ein Schild: ›Ich bin nicht da‹, aber die Tür war nicht verschlossen. Zille war da, vor ihm auf dem Tisch lag ein Haufen Geldscheine und ebenso viele Briefumschläge. Er schrieb Adressen und erklärte: ›Det is for meine Milljöhgeschädigten unterm Weihnachtsbaum.‹«

Einmal saß Zille in einem Hof und zeichnete. Eine Nachbarin hängte Wäsche auf und jammerte: »Heute hab ick det Kleid von meener Kleenen jewaschen, und nu kiek an, nu isset viel zu kleen jeworden!« Da meinte Zille: »Na, dann würd ick die Kleene och ma waschen!«

Zille kippte an der Theke ein Bier. Neben ihm stand ein Mann und erzählte: »Stelln Se sich ma vor, neulich hab ick in der Zeitung gelesen, jedesmal wenn ick een Atemzug mache, stirbt eener in der Welt!« – »Und warum nehm'n Se nich Mundwasser?« fragte Zille trocken.

Die Berliner nannten Zille auf ihre Art liebevoll »Pinselheinrich«. Der Maler Max Liebermann, der zu seinen Bewunderern gehörte, fand das nicht sehr passend: »Wieso

Pinsel? Federheinrich müßte er heißen. Der zeichnet doch bloß immerfort. Det aber janz jut!«
Liebermann wollte von ihm wissen, warum er denn fast nie mit Ölfarben male, für ein Bild würde er sicher mehr Geld bekommen als für seine Zeichnungen. »Ne, ick kritzle nur mit Bleistift oder mal mit der Feder uffs Papier. Öl uff Leinwand, det zahln die Leute nich bei mir.« – »Und womit zeichnen Sie am liebsten, mit Bleistift oder mit Feder?« wollte Liebermann wissen. Darauf Zille: »Mit Talent.«
Im Alter wurde Zille zum Professor ernannt und in die Preußische Akademie der Künste aufgenommen, deren Präsident Liebermann war. Dort mußte er, obwohl schon sechsundsechzig, als »jüngstes« Mitglied bei einer Abstimmung mit dem Topf herumgehen und die Stimmzettel einsammeln. Das war so Brauch. »Na jut«, brummte Pinselheinrich. »Aba muß ick als Lehrling nu och den Schnaps für die andern holen?«

*... von Musikern*
*und*
*Virtuosen*

## Giacomo Puccini
*Lucca 22. 12. 1858 – Brüssel 29. 11. 1924*

»La Bohème«, 1896 uraufgeführt, wurde die populärste Oper Puccinis. Das Milieu der armen Künstler hatte der Meister seinerzeit selbst als Musikstudent in Mailand erlebt. Mit zwei Freunden bewohnte er ein armseliges Zimmer, in dem sie natürlich nicht kochen durften. Brutzelte das heiße Fett für die Pasta in der Pfanne zu vorlaut, dann schlug Puccini kräftig in die Tasten des verstimmten Klaviers. Für gewöhnlich gingen sie jedoch in ein Gasthaus mit dem wohlklingenden Namen »Excelsior« essen. Dort hatten sie beim Wirt nahezu unbegrenzten Kredit. Einmal zahlte Puccini in einem Anfall von Verschwendungssucht sogleich. Anderntags hatte der Wirt einen Anschlag gemacht, auf dem zu lesen war: »Gestern ereignete sich im ›Excelsior‹ ein unliebsamer Zwischenfall. Nach der Vertilgung eines Beefsteaks wagte es eine Person, bar zu zahlen. Dieser peinliche Vorfall hatte glücklicherweise für unser Haus keine negativen Folgen.«
Victorien Sardou hatte ein Drama »Tosca« geschrieben, das seinerzeit auf allen großen Bühnen Europas zu sehen war. Verdi hatte mit dem Gedanken gespielt, daraus eine Oper zu machen, aber wegen seines hohen Alters darauf verzichtet. So hatte sich der Komponist Alberto Franchetti die Rechte gesichert. Auch Puccini reizte der Stoff, und es gelang ihm sogar, den Verleger Ricordi und den Librettisten Illica zu überzeugen, daß nur er diese Oper komponieren könne. Diese beiden bewegten schließlich Fran-

chetti dazu, auf den Stoff zu verzichten. Schwierigkeiten gab es aber noch mit dem Autor selbst, denn Puccini fand den Schluß unsinnig, zumal jeder Römer wußte, wie schwierig es sein müßte, von der Engelsburg in den Tiber zu springen, da dieser doch in einer Entfernung von etwa hundert Metern vorbeifließt. Illica schlug vor, Tosca wahnsinnig werden zu lassen und ihr – wie Lucia di Lammermoor – eine Wahnsinns-Arie zu komponieren. Auf der anderen Seite weigerte sich Sardou, den Schluß überhaupt zu ändern. »Junger Mann«, sagte er würdig, »wenn ich, Victorien Sardou, es wünsche, daß der Tiber direkt unterhalb der Engelsburg vorbeifließt, dann fließt er dort!« So blieb es denn bei diesem Schluß, denn auch die Wahnsinns-Arie leuchtete Puccini nicht ein. »Das wäre doch nur eine ›Mantel-Arie‹«, sagte er, »die keiner mehr hören will, weil es allen eilt, sich ihre Mäntel von der Garderobe zu holen.«

In Anwesenheit des Komponisten hatte in Wien ein zweitrangiger Dirigent eine stümperhafte Aufführung der »Tosca« recht und schlecht über die Runden gebracht. Strahlend kam der Dirigent anschließend auf den Meister zu: »Hat es Ihnen gefallen?« Freundlich fragte Puccini: »Sprechen Sie Italienisch?« Der andere verneinte. Da ergriff der Komponist begeistert seine Hand und sagte mit entzückten Augen auf Italienisch: »Sie sind zweifellos der größte Esel und Dummkopf, der mir je begegnet ist, ein Betrüger, Nichtskönner und Gauner. Wenn ich Ihnen jemals in Italien begegnen sollte, werde ich Sie erschießen lassen wie Cavaradossi!« Beglückt verbeugte sich der »Esel und Dummkopf« und säuselte: »Ich danke Ihnen, ich danke Ihnen sehr, Maestro, für ihre ermutigende Anerkennung.«

Noch ein anderes Mißverständnis erlebte Puccini in Wien. Er, der mit Manon, Mimi, Tosca, Cho-Cho-San und Liu unvergeßliche Frauengestalten auf die Opernbühne gebracht hatte, war selbst ein leidenschaftlicher Frauenheld. Und die Frauen spürten dies. Puccini hatte eben auf seinem Hotelzimmer gefrühstückt, als der Portier anrief: »Hier ist eine Dame, die Sie sprechen möchte.« Puccini fragte nach dem Namen. »Sie hat ihn nicht genannt«, meldete der Portier. »Ist sie hübsch?« fragte er. »O ja, sehr hübsch und jung, Maestro«, schwärmte der Portier. »Dann schicken Sie sie rauf.« Sie kam. Sie war nicht nur jung und hübsch. Sie war liebreizend, stand schüchtern an der Tür und brachte kaum ein Wort heraus. Unvermittelt wurde es Puccini bewußt, daß er noch immer im Pyjama war, nicht einmal einen Morgenmantel hatte er an. Er entschuldigte sich hastig und verschwand nach nebenan. In aller Eile zog er sich einen jugendlich eleganten Anzug an, wählte sorgfältig eine passende Krawatte und öffnete wieder die Tür. Da stand sie noch immer, jung, hübsch – und nackt.

Seine letzte Oper »Turandot« sollte er nicht mehr vollenden, obwohl er bis zuletzt ohne Unterbrechung an ihr arbeitete. Wenige Wochen vor seinem Tod schrieb er an einen Freund: »Ich bin vor vielen Jahren geboren – ach, allzu vielen, fast einem Jahrhundert –, und der allmächtige Gott berührte mich mit seinem kleinen Finger und sprach: ›Schreib für das Theater – denk daran, nur fürs Theater!‹ Und ich habe dem höchsten Gebot gehorcht.«

## Hans Guido Freiherr von Bülow
*Dresden 8. 1. 1830 – Kairo 12. 2. 1894*

Der aus einem uralten mecklenburgischen Adelsgeschlecht stammende Hans von Bülow gehörte zu den hervorragenden Dirigenten seiner Zeit und setzte sich besonders für die Musik Johannes Brahms' und Richard Wagners ein. Obwohl von etwas kleinem Wuchs, wirkte seine Erscheinung elegant, war seine Persönlichkeit beeindruckend und sein scharfer Witz treffsicher und gefürchtet. So stieß er einmal auf der dunklen Treppe des Münchner Opernhauses unversehens mit einem Fremden zusammen. »Esel!« brüllte der ärgerlich. Bülow zog den Hut: »Von Bülow.«

Während einer Probe sang die Primadonna ständig einen halben Ton zu tief. Nachdem er die Stelle hatte wiederholen lassen, klopfte Bülow ab und sagte liebenswürdig: »Gnädige Frau, würden Sie die Güte haben, uns einmal Ihr ›a‹ anzugeben?«

Zu einer »Meistersinger«-Probe in München versammelte sich der Damenchor auf der Bühne. Dabei waren sie so in angenehme Gespräche vertieft, daß sie das Eintreten des Dirigenten gar nicht bemerkt hatten. Bülow wartete zwei Minuten am Dirigentenpult, daß das Geschnatter aufhören würde, dann rief er hinauf: »Meine Damen, darf ich Sie darauf aufmerksam machen, daß das Kapitol bereits gerettet ist?«

Ein anderes Mal ermahnte er den Chor: »Bitte gestikulieren Sie nicht so furchterregend beim Singen. Wir

spielen hier die ›Hugenotten‹ und nicht die Hottentotten.«
In einem Hotelsalon traktierte eine Dame das Klavier. Plötzlich unterbrach sie und wandte sich an den in einiger Entfernung sitzenden Bülow: »Verzeihen Sie, mein Herr, sind Sie musikalisch?« – »Gewiß«, sagte Bülow liebenswürdig, »aber spielen Sie ruhig weiter.«
Ein junger Komponist zeigte Bülow seine erste Symphonie. »Gefällt sie Ihnen?« fragte er ängstlich. »O ja«, meinte Bülow, »seit jeher.«
Ein anderer Komponist, der Bülow besuchte, spielte ihm seine Musik gleich vor. Unversehens stand Bülow auf und riß die Fenster auf. »Spielen Sie nur weiter«, sagte er zu dem verdutzten Musiker. »Aber seit Wochen ärgert mich mein Nachbar mit seinem Lärm, und jetzt habe ich endlich mal eine Gelegenheit, mich zu revanchieren.«
Auf der Straße wurde Bülow von einem Herrn angesprochen: »Mein lieber Bülow, ich wette, Sie erkennen mich nicht wieder!« Bülow schaute ihn an. »Sie haben die Wette gewonnen«, sagte er und ging weiter.
Franz Liszt, dessen Tochter Cosima mehrere Jahre mit Bülow verheiratet war, schrieb mit dreiundsiebzig einen Bülow-Marsch, den er seinem Schwiegersohn widmete. Doch der Dirigent setzte ihn in keinem seiner Konzerte je auf das Programm. Als Liszt ihn einmal nach dem Grund fragte, erwiderte er trocken: »Ich spiele nur gute Musik.«
Eine stehende Redewendung in jedem Orchester ist bis heute sein Ausspruch geblieben: »Die Partitur sollte im Kopf des Dirigenten – und nicht der Kopf des Dirigenten in der Partitur sein!«

Künstler, die es bereits in jungen Jahren zu erstaunlichen Ehren, Auszeichnungen und Preisen brachten, waren ihm suspekt. In so einem Fall pflegte er zu sagen: »Je preiser gekrönt, desto durcher gefallen!«

## Pablo Casals

*Vendrell/Katalonien 29. 12. 1876 – San Juan/Puerto Rico 22. 10. 1973*

Mit neunzehn Jahren erhielt der später weltberühmte spanische Cellist ein Stipendium. Er reiste nach Brüssel, um sich dort dem Professor für Celli an der Akademie vorzustellen. Dieser empfing ihn herablassend und mit einigen ironischen Bemerkungen. Nachdem Casals ihm vorgespielt hatte, war er jedoch begeistert und wollte ihn in die Meisterklasse aufnehmen. Casals lehnte ab. »Sie haben mich schlecht empfangen«, sagte er mit dem Stolz der Spanier. »Sie sind kein Künstler. Ich werde mir einen anderen Lehrer suchen.«
Von der Mode, alte Musik modern zu arrangieren, hielt er nichts: »Das ist genau so ein Unfug, als würde man einen echten Rokokosekretär mit Plastikfüßen und einer Nylonschreibplatte versehen.«
Pablo Casals heiratete mit achtzig Jahren seine Schülerin Maria Montanez. Sie war einundzwanzig, und natürlich stieß die Ehe bei Freunden und Bekannten auf eine gewisse Skepsis, ob dergleichen überhaupt gutgehen könne. Doch Casals meinte nicht ohne Selbstbewußtsein: »Man

kann Schnee auf dem Dach und Feuer im Kamin haben.« Und bei der Hochzeitsfeier sagte er zu dem Geistlichen, der ihn getraut hatte: »Ich habe achtzig Jahre gebraucht, um herauszufinden, welches das Alter der wahren Jugend ist. Endlich weiß ich es: achtzig Jahre!«

*. . . von den*
*Göttern*
*im Rampenlicht*

## Josef Kainz
*Wieselburg 2. 1. 1858 – Wien 20. 9. 1910*

Neben der Duse galt Josef Kainz als der bedeutendste Schauspieler seiner Zeit. Er spielte zuerst bei den Meiningern, dann am Deutschen Theater Berlin und wurde 1899 festes Mitglied des Burgtheaters. In seinen Rollen verstand er Leidenschaftlichkeit, geistige Intensität und eine geschulte Rhetorik miteinander zu verbinden. Er war der strahlende Held und spielte alle großen Rollen der Bühnenliteratur. Mit einer Ausnahme: An den Faust wagte er sich nie heran. »Den Faust«, behauptete er, »kann nur ein wirklich bedeutender Mensch spielen. Und ein wirklich bedeutender Mensch wird nicht Schauspieler.«

Als Karl Moor trug Kainz einen flotten Schnurrbart auf der Oberlippe. Eines Tages fiel es einem seiner Kollegen auf, daß er die Szene »Gegend an der Donau« ohne Bart spielte, in den folgenden jedoch wieder Bart trug. Teilnehmend fragte er Kainz, ob er heute abend den Bart verloren hätte. »Verloren? Aber nein. Nur – die Szene spiele ich immer ohne Bart, er stört mich bei den langen Sätzen.« – »Ja merkt denn das Publikum nichts?« Kainz winkte ab: »Gewiß net. Wissen S' – so was verspielt sich.«

Kainz war der Sohn eines Eisenbahnbeamten, dessen sehnlichster Wunsch es gewesen war, selbst zum Theater zu gehen. So führte er den kleinen Josef bereits in jungen Jahren ins Theater. Von der vierten Galerie des Burgtheaters hinunterdeutend sagte er: »Siehst, Peppi, da unten, wo der Lewinsky steht, da wirst einmal du stehen.«

Ein anderes Mal deutete er auf die Kaiserloge und flüsterte: »Schau genau hin, Peppi, das sind die Habsburger, ganz genau schau hin. So mußt auch du einmal gehen und stehen, wenn du zur Bühne willst. Kein Mensch kann so stehen wie ein habsburgischer Erzherzog.«
Bei aller Kollegialität im Theater konnte Kainz sehr offen und selbstbewußt sein – auch den Kritikern gegenüber. »Die Kritiker«, sagte er einmal, »glauben wirklich, man hat gar nichts anderes zu tun, als ihnen im Schweiße unseres Angesichts ihr Brot zu verdienen.«
Dank seiner hervorragenden Rhetorik konnte Kainz, wenn er wollte, mit einer Geschwindigkeit sprechen, daß den Kollegen und dem Publikum Hören und Sehen verging. Als er eines Abends – vermutlich hatte er anschließend eine Verabredung – seine Rolle in einem wahren Blitztempo herunterrasselte, traf er nach der Vorstellung vor dem Theater den Kritiker Alexander von Weilen. Aufgebracht trat dieser auf Kainz zu und sagte: »Herr Kainz, ich muß es Ihnen leider sagen, aber heute haben Sie gespielt wie ein Schwein.« – »Nicht wahr?« pflichtete ihm Kainz bei.
Sein Debüt am Wiener Burgtheater gab Kainz 1897 mit dem Hamlet. Nach der Vorstellung hörte er zufällig die Unterhaltung zweier Bühnenarbeiter. »Ich hab in den letzten zwanzig Jahren alle Hamlete hier gesehen, auch den Sonnenthal und den Robert...«, sagte der eine, und der andere nickte: »Aber der Kainz heut abend, der war am besten.« Freudig ging Kainz auf sie zu: »Das freut mich, meine Herren, schönen Dank. Aber warum meinen Sie, daß ich der Beste war?« Die Antwort überraschte ihn: »No ja,

Sie waren halt zwanzig Minuten früher fertig als alle anderen.«

Ebenso berühmt wie Kainz war zu der Zeit der Schauspieler Adalbert Matkowsky. Der erfolgreiche Lustspieldichter L'Arronge, der in Berlin ein eigenes Theater unterhielt, lud Kainz und Matkowsky einmal zu einem gemeinsamen Gastspiel bei sich ein. Er fragte beide nach ihrer Gagenforderung, und unabhängig voneinander verlangte jeder die Hälfte der Einnahmen. »Nun, dann sind die Herren vielleicht so freundlich und geben mir für diesen Abend eine Freikarte?« meinte L'Arronge.

Der Burgtheater-Schauspieler Mitterwurzer hatte sich eine Vergiftung zugezogen, an der er unerwartet starb. Noch völlig erschüttert von der Nachricht kam Kainz am Abend ins Theater. Vor den Garderoben stand ein nicht eben sehr talentierter junger Anfänger und wartete auf seinen Auftritt. Plötzlich ging Kainz auf ihn zu und gab ihm ohne jeden ersichtlichen Grund eine Ohrfeige. Als er in das fassungslose Gesicht des Schauspielers sah, schluchzte er laut: »So etwas lebt! Und Mitterwurzer ist tot!«

Einer seiner Verehrer war König Ludwig II. von Bayern, der Kainz mehrmals zu sich auf eines seiner oberbayerischen Schlösser lud. Gern erfüllte er dem geliebten Schauspieler jeden Wunsch, und als dieser einmal fast zu spät zu einer Vorstellung nach Wien gekommen wäre, bot er ihm an, seinen Salonwagen zu benutzen. Während der Fahrt fiel es natürlich einigen Stationsvorstehern auf, daß der königlich-bayerische Salonwagen unangemeldet auf dem Weg nach Wien war, und sie meldeten es ihrer vorgesetzten Dienststelle. In Wien war man überrascht. Schnell wurde eine würdige Delegation mit dem Wiener Bürgermeister an der Spitze zusammengetrommelt, um den vermeintlich anreisenden König am Bahnhof zu empfangen. Aber es stieg nur ein einzelner junger Mann aus: Kainz. Die Herren sahen sich verwundert um. Aber Kainz rief fröhlich: »Das ist schon alles, was drinnen war!«

Ein älteres Ehepaar hatte Josef Kainz im Burgtheater als Torquato Tasso gesehen. Völlig überwältigt von dem eben Erlebten verließen sie das Theater, gingen stumm nebeneinander den Ring hinunter. Schweigend, aber bis ins Innerste aufgewühlt, wanderten sie durch das nächtliche Wien nach Hause. Endlich, kurz bevor sie in ihre Straße einbogen, blieb die Frau stehen, und dann brach es aus ihr hervor: »Weißt, Xandi – a grad so bist du auch!«

Kainz spielte in einem Stück einen jungen Römer, der, von einem Gastmahl kommend, einen leidenschaftlichen Monolog zu sprechen hat. Atemlos verfolgte das Publikum, wie er sich immer mehr in seiner Leidenschaftlichkeit steigerte, die Hände vors Gesicht schlug, sie dem Himmel anklagend entgegenstreckte und sich schließlich mit einer heftigen Bewegung den Lorbeerkranz vom Haupt riß. Die Bewegung war so heftig, daß er mit dem Kranz zugleich die Perücke in der Hand hielt und plötzlich mit schütterem Blondhaar auf der Bühne stand. Das Publikum brach in ein befreiendes Lachen aus, und Kainz – lachte mit. Dann trat er nach vorn neben den Souffleurkasten und rief energisch: »Jetzt wieder ernst!« Augenblicklich war es still, und Kainz spielte weiter, als wäre nichts geschehen.

Seine Darstellungskraft erschütterte aber nicht nur das Publikum, sondern konnte auch die Kollegen beein-

drucken. Sein Cyrano de Bergerac wirkte auf das Publikum oft so, daß lautes Schluchzen aus dem Zuschauerraum bis auf die Bühne drang. Eines Abends fing dort sein Partner Le Bret ebenfalls an zu schluchzen. Da flüsterte Kainz ihm zu: »Bist blöd? Fallst auch auf mich rein?«
Selten gelang es dem vielbeschäftigten Alexander Girardi, seinen Kollegen und Freund Josef Kainz auf der Bühne zu sehen. Einmal gastierten sie beide zufällig hintereinander in Brünn, und Girardi ging am Abend in die Vorstellung, wo er Kainz in Schillers »Kabale und Liebe« sah. Anschließend wartete Kainz – wie verabredet – in einem kleinen Gasthaus auf den Freund. Doch der kam nicht. Erst nach einer Stunde tauchte Girardi auf und setzte sich schweigsam und verschlossen an den Tisch. »Was ist? Was fehlt dir?« fragte Kainz. »Wo hast denn gesteckt?« Da endlich machte Girardi den Mund auf: »Du bist mir ein schöner ›ein deutscher Jüngling‹! Weißt, was du bist? A Herz-Vergifter! A Seelen-Verwirrer! Die ganze Zeit bin i auf d' Straßen umanandgerennt – nur weil i mi net direkt von dir hier zu an Schweinsbraten mit Knödel setzen kann!«

## Hedwig Bleibtreu
*Linz 23. 12. 1868 – Wien 24. 1. 1958*

»Die Bleibtreu« kam mit vierundzwanzig Jahren ans Burgtheater und spielte dort länger als ein halbes Jahrhundert. Als eine der ersten Schauspielerinnen vermied sie das Pathos des neunzehnten Jahrhunderts, und ihr Deklamationsspiel wurde vorbildlich für die Wiener Bühne. In einem Interview fragte man sie später, welches ihre erste Rolle an der »Burg« gewesen sei. Sie antwortete: »Die erste Rolle am Burgtheater war das Klärchen. Es war ein Mißerfolg. Dann kam die Tochter des Herrn Fabrizius. Da zerriß mich die Presse in der Luft. Und die Jungfrau von Orleans, meine dritte Rolle, war ein solcher Durchfall, daß ich vom Theater abgehen wollte.« – »Aber dann wurden Sie eines Tages doch die große Bleibtreu«, meinte der Reporter. »Ja wissen S' – die Leut gewöhnen sich halt mit der Zeit an einen.«

Junge Kollegen fragten die Bleibtreu nach Josef Kainz, mit dem sie noch länger als ein Jahrzehnt zusammen an der »Burg« engagiert war: »Wie war das, wenn man mit ihm, neben ihm auf der Bühne stand?« – »Ja wißt ihr«, sagte sie nachdenklich, »an so einem Abend hab ich immer zu Fuß nach Hause gehen müssen. Den ganzen, langen Weg nach Döbling bin ich gegangen. Da hätte ich unmöglich in der Straßenbahn sitzen können, so aufgeregt war ich jedesmal. Da half nur eines: frische Luft.«

Hedwig Bleibtreu war schon weit über achtzig Jahre alt, als sie zusammen mit dem ebenfalls schon sehr alten Otto Tressler in Arthur Millers »Hexenjagd« auf der Bühne stand. Sie hatten laut Regieanweisung ein »hochbetagtes« Ehepaar zu spielen, und sie bemühten sich, auf der Probe schön »hochbetagt« zu scheinen. Da unterbrach der Regisseur Josef Gielen: »Frau Bleibtreu und Herr Tressler, warum chargieren sie auf alt? Das ist doch völlig überflüssig! Sie *sind* alt!«

## Pola Negri

*Ligno/Polen 3. 1. 1899 – San Antonio/Texas 1. 8. 1987*

Im Ersten Weltkrieg tauchte bei der Berliner UFA eine junge aparte Polin auf und bewarb sich um Filmrollen. Der junge Regisseur Ernst Lubitsch machte Probeaufnahmen, die alle begeisterten. »Wie heißen Sie eigentlich?« fragte Lubitsch. Sie hieß Apollina Chalupec. »Dat merkt sich kein Mensch«, sagte Lubitsch. »Apollina Chalupec heest sie und ne schwarze Polin ist sie. Also nennen wir sie am besten Pola Negri!«

Pola Negri wurde der große Stummfilmstar in Deutschland, spielte mondäne wie faszinierend leidenschaftliche Frauen, und sie war selbst wie besessen vom Medium Film. Sie wollte alles spielen. Auch die Carmen. Lubitsch, ihr Entdecker, war dagegen. Nicht schon wieder! Man überredete ihn, sich wenigstens die Voraufnahmen, die man schon gemacht hatte, anzusehen. »Also gut«, meinte er schließlich, »fünf Minuten kiek ich mal zu, aber keine Minute länger.« Man legte die Rolle ein und ließ die Aufnahmen laufen. Nach drei Minuten stand Lubitsch auf und sagte nur ein Wort: »Carmen!« Sie spielte eben alles, was sie wollte.

Pola Negri mußte tragisch spielen. Sie mußte weinen. Die Rolle schrieb das zwar vor, aber sie weinte nicht, bestenfalls machte sie ein tragisches Gesicht. Der Regisseur erinnerte sie an ihre große Liebe zu Rudolfo Valentino und wie er gestorben sei. Sie weinte nicht. Man erinnerte sie an ihr geliebtes, blondes Kind, das früh gestorben war, aber keine Träne trat aus den Augen der Diva. Der Stab war der Verzweiflung nahe, Pola Negri traurig, daß es ihr nicht gelang zu weinen – aber mehr auch nicht. Plötzlich hatte sie eine Idee: »Mein Grammophon! Und die Platte in dem grünen Umschlag! Beides liegt in meinem Zimmer im Hotel.« Jemand raste los und kam nach einer Weile zurück. Die Platte wurde aufgelegt: Die hellen Knabenstimmen des Leipziger Thomaner-Chors sangen »Stille Nacht – Heilige Nacht« – und Pola Negri weinte.

Die Faszination, die von ihr ausging, beschrieb der Kritiker Willy Haas: »Man glaubt ihr sämtliche Waggon-Lits, sämtliche Transozeankabinen, sämtliche Triumphe über Fracks, Monokels, Lackschuhe, alle Theaterlogen in der Scala, Opéra Comique, Covent Garden, alle Waldorf-Astoria-Appartements, alle Ritz-Carlton-Soupers, alle Karnevale in Nizza, jeden Großherzog. Auch verwöhnte Zuschauer glauben es ihr. Das ist schon etwas.«

Sie schrieb auch ihre Memoiren, schon damals. Vielmehr – sie ließ sie schreiben. Der Journalist, der aufzeichnete, was sie ihm erzählte, hatte an einer Stelle geschrieben: »Ein Herzog unternahm wegen mir einen Selbstmordversuch.« Sie besserte die Stelle aus, und nachher konnte man lesen: »Ein Erzherzog beging wegen mir Selbstmord.« Als der Tonfilm kam, verschwand sie von der Leinwand. Man vergaß mit den Jahrzehnten ihr Gesicht.

## Gustaf Gründgens
*Düsseldorf 22. 12. 1899 – Manila 7. 10. 1963*

In Düsseldorf lernte Gründgens bei Louise Dumont, in Berlin bei Max Reinhardt. 1934 wurde der Schauspieler und Regisseur Intendant des Staatlichen Schauspielhauses Berlin. Nach dem Krieg wurde er Intendant in Düsseldorf und später in Hamburg. In die Theatergeschichte gingen seine Darstellungen des Hamlet und des Mephisto ein. Einmal fragte man den vielseitigen Künstler, woher er seine verschiedenen Talente habe. »Ach«, meinte er betont nebensächlich, »das hat man eben so.«
Bert Brecht bot dem Berliner Intendanten sein neues Stück »Die heilige Johanna der Schlachthöfe« zur Uraufführung an. Gründgens las es und telegraphierte Brecht: »Um Gottes willen!« Das verzieh ihm Brecht nicht. Als sehr viel später Gründgens Brecht um die Uraufführungsrechte eines anderen Stückes bat, telegraphierte ihm der Chef des »Berliner Ensembles« zurück: »Um Gottes willen!«
Ein junger Dichter brachte Gründgens sein Erstlingsdrama. Aber Gründgens lehnte eine Aufführung ab. »Das kann ich nicht. Ehrlich gesagt, es ist dramaturgisch hundsmiserabel.« – »Aber es ist doch großartig geschrieben?« hoffte der Arme wenigstens auf eine kleine Anerkennung. »Da haben Sie recht. Aber gegenwärtig benötige ich keine Schreibkraft.«
Einige Zeit war Gründgens mit der Familie Mann verschwägert: Er hatte Erika, die Tochter Thomas Manns,

geheiratet. In einem Berliner Theater spielten Gründgens und Erika Mann zusammen mit Erikas Bruder Klaus und dessen Frau Pamela Wedekind in einem Vier-Personen-Stück. Ein Spaßvogel hing vor das Theater ein Schild: »Hier können Familien Theater spielen.«

Nach dem Krieg inszenierte Gründgens in Salzburg Shakespeares »Wie es euch gefällt« mit dem großen Burgtheater-Mimen Raoul Aslan als Jacques. Aslan konnte Gründgens nicht ausstehen, und so kam es immer wieder zu Reibereien. »Woran liegt es nur, daß wir alles so verschieden sehen?« wunderte sich Gründgens. Mit Würde erklärte Aslan: »Herr Gründgens, ein Burgtheater-Schauspieler kommt aus Byzanz über Hellas und den Balkan nach Wien und von dort nach Salzburg. Und Sie, Sie kommen aus Düsseldorf.«

Als Aslan wieder in Wien war, fragte man ihn, wie die Arbeit mit Gründgens gewesen sei. »Mein Gott«, sagte er, »sprechen wir nicht mehr über diese Pompadour des deutschen Theaters.«

## Hildegard Knef

*Ulm 28. 12. 1925*

Eine der ungewöhnlichsten Schauspieler-Persönlichkeiten, die nach dem Zweiten Weltkrieg in Deutschland bekannt wurden und schließlich eine große Karriere machten, war Hildegard Knef. Sie war noch eine blutjunge Schauspielerin, als das Großdeutsche Reich bereits an allen Fronten zu schrumpfen begann, die deutsche Filmindustrie jedoch, um Goebbels' Durchhalte-Parolen zu unterstützen, auf Hochtouren arbeitete. Da erschien Hildegard Knef eines Tages bei den UFA-Bossen in Berlin, fest entschlossen, Filmschauspielerin zu werden. Warum sie unbedingt zum Film wolle, wurde sie gefragt, und sie antwortete selbstbewußt: »Weil ich Talent habe!«

Beweisen konnte sie es dann allerdings erst, als die ersten Trümmer weggeräumt waren, die D-Mark die Reichsmark abgelöst hatte und es wieder so etwas wie einen deutschen Film gab. Mit Filmen wie »Die Mörder sind unter uns«, »Film ohne Titel«, »Nachts auf den Straßen« und vor allem »Die Sünderin« wurde sie »die Knef«. Ihre höchst realistische und unprüde Darstellung in der »Sünderin« vermochte damals noch reichlichen Staub moralischer Entrüstung aufzuwirbeln. Was heute keinen Bürger mehr von »Bonanza« und »Dallas« weglocken würde, brachte ihr damals einen »unmoralischen Ruf« und zum Teil heftige Anfeindungen ein. Trotzdem ging sie ihren Weg unbeirrt weiter. »Ich finde«, meinte sie, »Erotik und Intelligenz müssen nicht unbedingt Feinde sein.«

Aber sie konnte nicht verhindern, daß manche Drehbücher ihrer Filme gerade in puncto Intelligenz zu wünschen übrig ließen. Es war weniger ihr persönliches Problem als das der deutschen Filmindustrie überhaupt. Einige junge Filmemacher schlossen sich zusammen und proklamierten lautstark: »Opas Kino ist tot!«

Doch die alten Produzenten konnten zurückschlagen: »Bubis Kino ist leer!« Denn die Jungfilmer ließen ihren lauten Reden das Publikum wenig überzeugende Taten folgen.

Die Knef, indessen zum internationalen Star aufgestiegen, filmte überwiegend im Ausland, in Amerika, Frankreich und England. Das Hickhack der heimatlichen Filmindustrie betrachtete sie mit Mißtrauen und meinte: »Manche Jungfilmer sind eigentlich nur alte Amateure.«

Dann begann die Knef an ihrer zweiten Karriere zu basteln – als Sängerin. Nachdem ihr Stern einige Jahre etwas blaß geworden war, trat sie mit großem Erfolg und großem publizistischen Echo am Broadway auf. In dem Musical »Silk Stockings« (Seidenstrümpfe), einer Neufassung des durch die Garbo berühmten Stückes »Ninotschka«, spielte und sang sie die Hauptrolle. Nach der Premiere kam die Jazzsängerin Ella Fitzgerald zu ihr in die Garderobe, um sie zu beglückwünschen. Bescheiden wehrte Hildegard Knef ab: »Aber ich bin doch eigentlich keine Sängerin.« – »O doch«, meinte die schwarze Ella Fitzgerald, »Sie sind die großartigste Sängerin ohne Stimme, die ich je gehört habe!«

Auch in Europa hatte die stimmlose Sängerin Erfolg, mit Chansons, zu denen sie sich die Texte meist selbst schrieb. Und sie bastelte an ihrer dritten Karriere – als Schriftstellerin. 1971 erschien ihr Erinnerungsbuch »Der geschenkte Gaul« und wurde ein Bestseller. Bald folgte ein Band mit ihren Liedertexten und schließlich ein Buch, in dem sie die Auseinandersetzung mit ihrer Krebserkrankung schilderte: »Das Urteil«. Den Journalisten, insbesondere den Rezensenten, macht es die vielseitige Künstlerin nie leicht, sie zu beurteilen. Aber auch diese machen es ihr nicht leicht. Sie erträgt Lob und Tadel gelassen und meint: »Wer sich mit der Kunst verheiratet, bekommt die Kritik zur Schwiegermutter.«

*Geburtstagskalender*

*Steinbock*

*22. Dezember bis 20. Januar*

22.12. Gustaf Gründgens (1899–1963, dt. Regisseur, Schauspieler und Theaterleiter), Giacomo Puccini (1858–1924, it. Opernkomponist), Lord. J. Arthur Rank (1888–1972, engl. Filmindustrieller), Christian Rohlfs (1849–1938, dt. Maler), Franz Schmidt (1874–1939, österr. Komponist), Mathilde Wesendonck (1828–1902, dt. Lyrikerin und Freundin Richard Wagners)

23.12. Alexander I. Pawlowitsch (1777–1825, russ. Zar), Hedwig Bleibtreu (1868–1958, österr. Schauspielerin), Martin Opitz (1597–1639, dt. Dichter), Helmut Schmidt (1918, dt. Politiker), Wilhelm Freiherr von Tegetthoff (1827–1871, österr. Admiral), Giuseppe Tomasi, Fürst von Lampedusa (1896–1957, it. Schriftsteller), Friedrich Wolf (1888–1953, dt. Arzt und Schriftsteller)

24.12 Elisabeth (»Sissi«) von Bayern (1837–1898, Kaiserin von Österreich), Ava Gardner (1922 bis 1990, am. Schauspielerin), Josef Höffner (1906 bis 1987, dt. Kardinal), Juan Ramón Jiménez (1881–1958, span. Lyriker), Johann »ohne Land« (1167–1216, engl. König), Mauricio Kagel (1931, arg. Komponist), Hans von Marées (1837 bis 1887, dt. Maler), Adam Rapacki (1909–1970, poln. Politiker), Manfred Rommel (1928, dt. Politiker), Eugène Scribe (1791–1861, frz. Dramatiker)

25.12. Angelus Silesius (1624–1677, dt. Arzt, Priester und Barockdichter), Humphrey Bogart (1899 bis 1957, am. Schauspieler), Conrad Nicholson Hilton (1887–1979, am. Hotelier), Christian Hofmann von Hofmannswaldau (1617–1979, dt. Dichter), Alfred Kerr (1867–1948, dt. Journalist und Theaterkritiker), Henri Nannen (1913, dt. Journalist), Anwar el Sadat (1918–1981, ägypt. General und Politiker), Charlotte Freifrau von Stein (1742–1827, Freundin Goethes), Maurice Utrillo (1883–1955, frz. Maler), Cosima Wagner (1837–1930, Tochter Franz Liszts und zweite Frau Richard Wagners)

26.12. Rosa Albach-Retty (1874–1980, österr. Schauspielerin), Ernst Moritz Arndt (1769–1860, dt. Dichter), Friedrich II. (1194–1250, dt. König und röm.-dt. Kaiser), Mao Tse-tung (1893 bis 1976, chin. Ideologe und Politiker), Henry Miller (1891–1980, am. Schriftsteller), Rainer Offergeld (1937, dt. Politiker), Richard Widmark (1915, am. Schauspieler)

27.12. Louis Bromfield (1896–1956, am. Schriftsteller), Marlene Dietrich (1901–1992, dt. Schauspielerin und Sängerin), Emil Dovifat (1890 bis 1969, dt. Zeitungswissenschaftler), Johannes Kepler (1571–1630, dt. Astronom und Mathematiker), Theodor Litt (1880–1962, dt. Philosoph und Pädagoge), Louis Pasteur (1822 bis

1895, frz. Chemiker und Bakteriologe), Michel Piccoli (1925, frz. Schauspieler), Carl Zuckmayer (1896–1977, dt. Dramatiker)

28.12. Ivan Desny (1922, russ.-schwed.-dt. Schauspieler), Hildegard Knef (1925, dt. Schauspielerin, Sängerin und Schriftstellerin), Friedrich Wilhelm Murnau (1889–1931, dt. Regisseur), Felix Valloton (1865–1925, frz. Maler), Thomas Woodrow Wilson (1856–1924, am. Präsident)

29.12. Pablo Casals (1876–1973, span. Cellist), Käthe Dorsch (1890–1957, dt. Schauspielerin), Charles Goodyear (1800–1957, am. Chemiker und Erfinder der Kautschukvulkanisation), Jeanne Antoinette Marquise de Pompadour (1721 bis 1764, frz. Mätresse Ludwigs XV.), Georg Schweinfurth (1836–1925, dt. Afrikaforscher), Pierre Werner (1913, luxemb. Politiker)

30.12. Theodor Fontane (1819–1898, dt. Schriftsteller), Rudyard Kipling (1865–1936, engl. Schriftsteller), Sir Carol Reed (1906–1976, engl. Regisseur), Georg von der Vring (1889–1968, dt. Schriftsteller)

31.12. Gottfried August Bürger (1747–1794, dt. Dichter), George C. Marshall (1880–1959, am. General und Politiker), Henri Matisse (1869–1954, frz. Maler), Nathan Milstein (1904, am.-russ.

Geiger), Max Pechstein (1881–1955, dt. Maler), Mildred Scheel (1932–1985, dt. Ärztin), Vermeer van Delft (1632–1675, niederl. Maler)

1.1. Alexander VI., Rodrigo de Borgia (1431–1503, Papst), Schalom Asch (1880–1957, jüd. Schriftsteller), Maurice Béjart (1927, frz. Tänzer und Choreograph), Wilhelm Canaris (1887–1945, dt. Admiral und Widerstandskämpfer), Lorenzo de' Medici, »der Prächtige« (1449–1492, Herrscher von Florenz), Bartolomé Estéban Murillo (1618–1682, span. Maler), Sándor Petöfi (1823 bis 1849, ung. Lyriker und Freiheitskämpfer), Jerome David Salinger (1919, am. Schriftsteller), Peter Stein (1937, dt. Regisseur), Hans Joachim Stuck (1951, dt. Rennfahrer), Ulrich Zwingli (1484–1531, schweiz. Reformator)

2.1. Ernst Barlach (1870–1938, dt. Bildhauer, Graphiker und Dichter), Josef Kainz (1858–1910, österr. Schauspieler), Martin Lauer (1937, dt. Sportler), Christian Rauch (1777–1857, dt. Bildhauer), Anna Sacher (1859–1930, österr. Hotelbesitzerin)

3.1. Clemens Attlee (1883–1967, engl. Politiker), Carl Gustav Carus (1789–1869, dt. Arzt, Naturphilosoph, Psychologe und Maler), Marcus Tullius Cicero (106–43 v. Chr., röm. Politiker), Konrad Duden (1829–1911, dt. Philologe),

Gertrud Kückelmann (1929–1979, dt. Schauspielerin), Sergio Leone (1921–1989, ital. Regisseur), August Macke (1887–1914, dt. Maler), Pola Negri (1899–1987, poln.-am. Schauspielerin), Wilhelm Pieck (1876–1960, dt. Politiker)

4.1. Georg Büchmann (1822–1884, dt. Philologe), Svend Fleuron (1874–1966, dän. Schriftsteller), Jacob Grimm (1785–1863, dt. Sprach- und Altertumswissenschaftler), Wilhelm Lehmbruck (1881–1919, dt. Bildhauer), Sir Isaac Newton (1643–1727, engl. Naturforscher und Mathematiker), Giovanni Battista Pergolesi (1710–1736, ital. Komponist), Edmund Rumpler (1872 bis 1940, österr. Flugzeug- und Autokonstrukteur)

5.1. Konrad Adenauer (1876–1967, dt. Politiker), Friedrich Dürrenmatt (1921–1990, schweiz. Schriftsteller), Uli Hoeneß (1952, dt. Fußballer), Don Juan Carlos von Bourbon (1938, König von Spanien), Walther Leisler Kiep (1926, dt. Politiker), Arturo Benedetti Michelangeli (1920, ital. Pianist), Wieland Wagner (1917 bis 1966, dt. Opernregisseur und Enkel Richard Wagners)

6.1. Gustave Doré (1832–1883, frz. Graphiker und Maler), Edward Gierek (1913, poln. Politiker), Heinrich Nordhoff (1899–1968, dt. Ingenieur und Industrieller), Carl Friedrich Freiherr von

Rumohr (1785–1843, dt. Kunst- und Kulturhistoriker und Schriftsteller), Heinrich Schliemann (1822–1890, dt. Kaufmann und Archäologe)

7.1. Clara Haskil (1895–1960, schweiz. Pianistin), Albrecht Hausdorfer (1903–1945, dt. Geograph und Widerstandskämpfer), Jacques Montgolfier (1745–1799, frz. Erfinder des Warmluftballons »Montgolfière«), Henny Porten (1890–1960, dt. Schauspielerin), Francis Poulenc (1899–1963, frz. Komponist), Philipp Reis (1834–1874, dt. Physiker), Heinrich von Stephan (1831–1897, dt. Generalpostmeister), Paul Uhlenhut (1870 bis 1957, dt. Bakteriologe)

8.1. Hans Guido Freiherr von Bülow (1830–1894, dt. Dirigent), Baltasar Gracián (1601–1658, span Schriftsteller), Willy Millowitsch (1909, dt. Schauspieler und Theaterleiter), Gret Palucca (1902–1993, dt. Tänzerin), Serge Poliakoff (1906–1969, russ-frz. Maler), Elvis Aron Presley (1935–1977, am. Sänger), Samuel Freiherr von Pufendorf (1632–1694, dt. Rechtsforscher und Philosoph), Paul Scheerbart (1863–1915, dt. Schriftsteller), Jean Marie Straub (1933, dt. Regisseur), Jaromir Weinberger (1896–1967, tschech. Komponist)

9.1. Joan Baez (1941, am. Sängerin), Simone de

Beauvoir (1908–1986, frz. Schriftstellerin), Sir Rudolf Bing (1902–1993, österr.-am. Operndirektor), Karel Capek (1890–1938, tschech. Dichter), Richard M. Nixon (1913–1994, amer. Präsident), Kurt Tucholsky (1890–1935, dt. Journalist und Schriftsteller)

10.1. Ingeborg Drewitz (1923–1986, dt. Schriftstellerin), Annette Freiin von Droste-Hülshoff (1797 bis 1848, dt. Schriftstellerin), Barbara Hepworth (1903–1975, engl. Bildhauerin), Hilde Krahl (1917, dt.-österr. Schauspielerin), Galina Ulanowa (1910, russ. Tänzerin), Adrian Wettach, »Grock« (1880–1959, schweiz. Musikclown), Heinrich Zille (1858–1929, dt. Zeichner)

11.1. Valeska Gert (1900–1978, dt. Tänzerin), Christine Kaufmann (1945, österr. Schauspielerin), Pierre Mendès-France (1907–1982, frz. Politiker), Carl Rottmann (1797–1850, dt. Maler)

12.1. Joe Frazier (1944, am. Boxer), Hermann Göring (1893–1945, dt. NS-Politiker), Jakob Michael Lenz (1751–1792, dt. Dichter), Jack London (1876–1916, am. Schriftsteller), Franz Molnár (1878–1952, ung. Schriftsteller), Johann Heinrich Pestalozzi (1746–1827, schweiz. Pädagoge), Alfred Rosenberg (1893–1946, dt. NS-Politiker und Schriftsteller), Ernst Rüdiger Graf von Starhemberg (1638–1701, österr. Feldmarschall und Verteidiger Wiens gegen die Türken), Ermanno Wolf-Ferrari (1876–1948, dt.-it. Komponist)

13.1. Friedrich Gogarten (1887–1967, dt. ev. Theologe), Elsa Martinelli (1933, it. Schauspielerin), Ernst Elias Niebergall (1815–1843, dt. Schriftsteller), Wilhelm Worringer (1881–1965, dt. Kunsthistoriker)

14.1. John Dos Passos (1896–1970, am. Schriftsteller), Rudolf Hagelstange (1912–1984, dt. Schriftsteller), Martin Niemöller (1892–1984, dt. ev. Theologe), Albert Schweitzer (1875–1965, dt.-frz. Theologe, Musikforscher, Arzt und Schriftsteller), Caterina Valente (1931, frz.-dt. Sängerin)

15.1. Guido Baumann (1926–1993, schweiz. Schauspieler und »Ratefuchs«), Franz Grillparzer (1791 bis 1872, österr. Schriftsteller), Martin Luther King (1929–1964, am. Geistlicher), Jean Baptiste Molière (1622–1673, frz. Dramatiker), Gamal Abd el Nasser (1918–1970, ägypt. Politiker), Aristoteles Onassis (1907–1975, griech. Reeder), Pierre Proudhon (1809–1865, frz. Schriftsteller), Maria Schell (1926, schweiz. Schauspielerin), Oscar Fritz Schuh (1904–1984, dt. Regisseur), Giovanni Segantini (1858–1899, ital. Maler), Edward Teller (1908, ung.-am. Physiker), Ferdinand Waldmüller (1793–1865, österr. Maler)

16.1. Franz Brentano (1838–1917, dt. Philosoph und Psychologe), Johannes Rau (1931, dt. Politiker), Louis Herzog von Saint-Simon (1675–1755, frz. Politiker und Schriftsteller), Jules Supervielle (1884–1960, frz. Schriftsteller)

17.1. Charlotte Buff (1753–1828, Freundin Goethes), Pedro Calderón de la Barca (1600–1681, span. Dichter), Benjamin Franklin (1706–1790, am. Politiker, Erfinder und Schriftsteller), David Lloyd George (1863–1945, engl. Politiker), Philipp der Kühne (1342–1404, Herzog von Burgund), Nevil Shute (1899–1960, engl. Schriftstellerin), Konstantin Stanislawskij (1863–1938, russ. Schauspieler und Theaterleiter)

18.1. Cary Grant (1904, am. Schauspieler), Werner Hinz (1903–1985, dt. Schauspieler), Charles Kean (1811–1868, engl. Schauspieler und Regisseur), Charles de Montesquieu (1689–1755, frz. Philosoph), Antoine Pevsner (1886–1926, russ.-frz. Bildhauer und Maler), Arno Schmidt (1914–1979, dt. Schriftsteller), Hans Sedlmayr (1896, österr. Kunsthistoriker)

19.1. Ingrid Andree (1931, dt. Schauspielerin), Sir Henry Bessemer (1813–1898, engl. Chemiker), Paul Cézanne (1839–1906, frz. Maler), Ferdinand Gregorovius (1821–1899, dt. Kunsthistoriker), Lilian Harvey (1907–1968, engl. Schauspielerin), Richard Lester (1932, am. Regisseur), Gustav Meyrink (1868–1932, dt. Schriftsteller), Edgar Allan Poe (1809–1849, am. Dichter), Werner Sombart (1863–1941, dt. Nationalökonom), Max Tau (1897–1976, dt. Schriftsteller), James Watt (1736–1819, schott. Erfinder)

20.1. Edwin Aldrin (1930, am. Astronaut), André Marie Ampère (1775–1836, frz. Physiker), Manfred von Ardenne (1907, dt. Physiker), Federico Fellini (1920–1993, it. Regisseur), Yvette Guilbert (1866–1944, frz. Sängerin), Paula Wessely (1908, österr. Schauspielerin)